Heinrich Preschers

Künste und Geheimnisse großer Künstler

zum Gebrauch der Maler, Bildhauer, Schwerdfeger, Uhrmacher, Buchbinder,

Schreibemeister - 1. Teil

Heinrich Preschers

Künste und Geheimnisse großer Künstler
zum Gebrauch der Maler, Bildhauer, Schwerdfeger, Uhrmacher, Buchbinder, Schreibemeister - 1. Teil

ISBN/EAN: 9783743437586

Hergestellt in Europa, USA, Kanada, Australien, Japan

Cover: Foto ©Thomas Meinert / pixelio.de

Weitere Bücher finden Sie auf **www.hansebooks.com**

Künste und Geheimnisse großer Künstler

zum gebrauch der

Mahler, Bildhauer, Schwerdfeger, Uhrmacher, Buchbinder, Schreibemeister, u. dergl.

mit Kupfer.

Erster Theil

Prag, und Leipzig, 1771

Inhalt.

Des ersten Theils.

14. Schöne gründe und Leime zu prepariren
15. mancherley Farben zum schreiben zu bereiten und zu temperiren.
21. Dinte zu machen die sich auf dem Papier wiederum verlihret.
22. Pargament und Papier mancherley art zu färben
27, Federn auf mancherley art zu färben.
29. gute und beständige dinte zu verfertigen.
39. alle Metalle zu bereiten, daß man damit aus der Feder wie mit Diente schreiben kan.
45: Gummi zu bereiten.
46. Salpeter zu reinigen.
47. Gold oder Silber zu läutern oder zu schwemmen.
47. ein Wasser zu machen, darinn alle Metalle zu Pulver werden
48, Die Metalle auf Holz zu schreiben.
48. Gold oder Silber auf glaß oder Harnisch zu schreiben, zuzubereiten
49 Eine Temperatur, damit alle Wasser temperirt werden,

151

Wie man auf Marmelstein, Kupfer, Meßing, Zinn, Stahl, Eisen, Harnisch, Waffen, und dergleichen, gar künstlich etzen und darauf vergülden soll.

Auf Marmelstein etzen.

Willst du auf einen Marmelstein etzen, so nimm Lapis Emeditis, ist roth und ein harter Stein, lege denselben in Scheidewasser; darnach zerstoß ihn klein in einem Mörsel, und reibe ihn auf einem harten Stein zu Staube; schwemme es, wie ein Lasur, oder anderes Metall, laß es wieder trocken werden, und reib es unter gereinigtes Leinöl, thue zwey oder drey Tropfen Firniß darunter, schreibe damit auf Marmelstein, laß es trocknen, lege es auf einem Ofen oder heissen Heerd, daß es wohl hart werde, darnach umlege den Stein mit einem gelben Wachs, und etze auf den Stein. Alsdenn nimm ein Theil Scheidenwasser, eben so viel Weineßig untereinander, gieß es auf den Stein, so wird der Stein sieden, giesse es einmahl ab, besiehe, ob es tief genug ist, und es bedarf wohl einer Stunde, oder mehr.

Eine andere gute Etze auf Marmelstein.

Nimm einen Marmelstein wohl polirt, schreibe darauf mit Druckerfirniß, mit Leinöl ein wenig dinne temperirt, damit du schreiben kannst, was du willst, an Schriften und Gemälden. Wenn die schwarze Farbe recht trocken worden ist, gieß darauf Scheidenwasser, und laß es eine halbe Stunde oder länger stehen, so ist es geetzt, gieß Wasser darauf, lösche die Etze ab, mache es mit einem Lappen rein, u. s. w. Darnach mache den Marmelstein warm, bestreich die schwarze Schrift mit Hirschtalg, so erhebt sich die Oelfarbe und geht ab.

Auf Marmelstein zu vergülden.

Nimm Bolus armeni, Nußöl, jedes so viel du willst, reibe es auf einem Reibstein wohl

mit

mit einander: so du nun willst damit auf Marmelstein schreiben, und darauf vergülden, so nimm in acht, daß der Grund nicht zu dick oder dünne, sondern mittelmäßig sey.

Dienlich zum Etzen.

Wie man das Bleygelb oder Farbe zum Etzen präpariren soll: also nim̃ das Bleygelb reib es zum ersten mit einem lautern Wasser wohl ab, darnach schäume es mit frischen Wasser ganz rein, gieß das Wasser ab, und laß die Farbe trocken werden, und wenn du sie haben willst, damit auf Kupfer, Zinn, Messing, Stahl, Eisen und dergleichen zu schreiben, so nimm solche Farbe mit Leinöl temperirt und gerieben, und schreib damit, und laß sie wohl hart und trucken werden, so wird sie gut.

Auf Kupfer, Zinn, und Mesing etzen.

Nimm ein Stück Kupfer, das glatt gehämmert ist, schreib darauf, was du willst, mit Bleygelb, die mit, Oel, wie jetzt, temperirt ist, desgleichen ein Stück Zinn oder Meßing das rein polirt, glänzend und eben ist, und laß es wohl trocken werden: darauf richte zu die Etze, und nimm

½ Loth Alaun,
1 Loth Grünspan,
1 Quintlein Salz,
1 Quintlein Salpeter.

Diese Stücke reibe wohl mit scharfen und di-

 sti-

stillirten Eßig, und wärme es wohl ab mit glüenden Kohlen; darnach gieß es mit einem Löffel auf, und wärme es wider: das thue so lange, bis dichs dünket tief genug zu seyn. Und weiter verfahre also:

Wie man auf Stahl und Eisen etzen soll.

Nimm stählern Blech, das von Platner aufs reineste gehämmert und poliret ist; denn nimm Bleyweiß, temperire es mit Leinöl, wie weiter unten gelehret wird, das es aus der Feder geht, und schreibe auf das polirte Blech: laß es wohl trocken werden an der Sonnen, im Winter auf den Ofen. Nim ungelöschten Kalk, diesen binde in ein leines Tüchlein, und stäube auf das Blech über die Schrift, wische den Kalk mit einem sämischen Leder ab, daß die Fettigkeit auf dem ganzen Oele wegkomme. Darauf mache ein gut Etzwasser, und nimm:

4 Loth Grünspan,
4 Loth weissen Vitriol,
1 Loth Salmiac,
1 Loth Mercurium sublimatum.
1 Loth Salpeter.

Diese Stücke alle durch einander in einen Mörsel gethan, und klein gestossen, thue denn die Species in einen glasirten Topf, gieß ein Kännlein sauren Biereßig darauf, und ein Nößel Urin von kleinen Knaben, laß es eine Nacht stehen; darnach laß die Etze heiß wer-

den

den, doch daß sie nicht siede, gieß die Etze über das Blech; darnach setze sie wieder zum Kohlfeuer, und laß sie warm werden, das thue einmahl oder achte, so fällt die Etze tief in den Stahl. Wenn es nun genug geetzet ist, nimm ein rauch Federlein, streich den Unflath säuberlich ab, gieß darnach rein warm Wasser darauf, so gehets schwarz davon wie Dinte. Hernachmals nimm eine starke Bürste, tunke sie in warmes Wasser, und krätze oder wasche die Etze aus dem Grunde. Wenn es rein worden ist, stäube durch ein Tüchlein ungelöschten Kalk darauf, überstreiche das Blech mit geballter Faust, und laß das Blech trocken werden; darnach hitze es über dem Kohlfeuer, bestreich das Blech mit Unschliet oder Talg, so hebt sich die gelbe Farbe auf, wische das Blech mit einem wollen Tuche ab; nimm Kalk, und wische das Blech mit sämischen Leder, bis die Schrift glänzend und schön wird. Thue dergleichen also mit Harnisch und Waffen.

Eine sonderliche Anmerkung bey dem Etzen.

Item, zum Eisen und Stahl nimm Urin, und zum Meßing, Zinn und Kupfer guten distillirten Eßig.

Die Materie, damit man etzet, muß gleich einem flüßigen Oele zubereitet werden; dar-

 nach

nach begieß das beschriebene Blech für und für warm, wie gelehret ist.

Item Eisen und Stahl sollt du drey Viertel oder eine Stunde etzen, die andern Metalle vier Stunden nach einander; wische darnach die Farbe mit gestoßnen Kohlen und Unschlitt mit einem wollen Lappen hinweg, und thue wie oben berichtet ist, u. s. w:

Folget, wie man ein Goldwasser auf Eisen, Stahl, Harnisch oder Waffen machen soll.

Erstlich nimm!

3 ½ Loth Vitriol,
2 Loth Alaun,
1 ½ Loth Gallizenstein,
1 Loth Federweiß.
2 Loth Sal Jemma.
Eine Hand voll Salz.

Diese Materie thue, alle in einen reinen Mörsel, der nicht fett ist, und stoß es klein; darnach thue es in einen reinen glasirten Topf, gieß ein Kännlein rein fliessend Brunwasser darauff, decke den Topf wohl mit Papier zu, und thue auch ein Stürze darauf, setz es zu einem Kohlfeuer, laß es nicht die Helfte einsieden, denn es wird sonst zu stark, so es eine Weile gestanden hat; nimm es vom Feuer, und wische die Stürze mit einem Hölzlein ab, wenn es noch ein wenig als ein Queerfinger

finger über die Helfte ist, so ist es gut. Darnach nimms ab vom Feuer und laß es kalt werden, daß sich die Species oder Materia zu Boden setzt. Wenn es ganz lauter vorden ist, so gieß das Wasser säuberlich ab in ein Kolbenglas; je länger es steht, je besser es wird.

Wie man nun mit dem Goldwasser arbeiten soll.

Das Blech oder Klinge, u. s. w. laß ein wenig warm werden, daß du die obigte Hand daran erleiden mögest. Darnach nimm das Goldwasser, und gieß ein wenig in ein glasirt Scherblein, das rein ist, bestreich damit die Klinge mit einem Haarpinsel, fahr auf und nieder, daß also die Klinge, oder Blech, u. s. w. Kupferfarbe werde. Darnach thue Quecksilber auch in ein glasirt Scherblein, das nicht fett ist, und trage das Quecksilber mit Baumwollen auf das Blech oder Klinge, u. s. w, wo es Kupferfarb ist, da wird es vom Quecksilber gar weiß. Nachdem nim̃ ein wenig gemahltes Gold auf einen Griffel, und fahre mit dem Golde auf und nieder auf dem Quecksilber. Wenn du also verguldet hast, so gieß einen Löffel voll warm Wasser über das Gold her, das der Unflath davon gehet. Darnach halte die Klinge oder das Blech über das Feuer, so wird das Gold thun, wie es lebet; das drücke mit einer Bürsten auf und nieder, bis das Queckſilber weggeraucht, und die Schrift gelb wird auf dem Bleche oder Klinge. So es gelb worden iſt, nimm Unſchlitt oder Talg, beſtreich das ganze Blech oder Klinge damit, denn nimm ein wöllen Tuch, und wiſch die Farbe damit ab, laß das Blech kalt werden, alsdenn ſtäube durch ein Tüchlein reinen ungelöſchten Kalk darauf, wiſche die fettigkeit mit einem ſämiſchen Leder ab, daß es rein wird: darnach halt es über ein Kohlfeuer, und laß es warm werde, beſtreich das Gold mit Glüewachs ganz heiß; wiſch alsdenn das Glüewachs mit einem Stücke rothen Tuche hinweg, nachdem mach es rein mit Kalk; im Tüchlein und ſämiſchen Leder wohl gerieben. Wenn es ganz rein worden iſt, und keine Fettigkeit mehr hat, ſo halt es wider über ein Kohlfeuer, laß es blau anlaufen; zum erſtē wird es Leberfarbe, zum andern Purpurfarbe, und zum dritten ſchön blau, und halt es nicht zu lange über dem Feuer, das Blaue geht ſonſt weg, und wird aſchgrau.

Was man Weiß machen will, ſoll man alſo thun, ſo man das Blaue will wegthun.

Das Blaue beſtreich und decke zu mit Oelfarbe; darauf nimm Biereßig, laß ihm wohl warm werden gieß ihm darüber ſo, lauft das Blaue weg. Darnach nimm ſogleich warm Waſ-

Wasser, und wasch die Farbe rein weg mit einem reinen leinen Tuch, alsdenn mit Kalk und sämischen Leder.

Observatio.

Rindern Unschlitt, das noch roh ist, ist das allerbeste, damit man die Oelfarbe erheben kan. Wenn du das Blech die Länge beschreiben willt, so muß auch das Blech die Länge polirt seyn.

Wie man Kupfer kalt etzen soll.

Nimm das Blech oder Stahl, bestreich es dünne mit Wachs, das rein ist, und laß es wohl und ganz trocken werden. Alsdenn schreib mit einem Pfriemen darauf kleine Schrift oder Bildwerck, bis auf den Grund, und verkleibe auch die Ränder mit gelben Wachs, daß die Etze darinn stehen möge. Darnach nimm Scheidewasser, und gieß es über die Schrift her; laß es ein wenig stehen, bis dichs dünket tief genung zu seyn. Willt du aber den Grund schwarz haben, so bald du das polirte Blech oder Stahl durch das heisse Wachs gezogen hast, und kalt worden ist, zünde ein Lichtlein an, halt das Blech darüber, so wird der Grund schwarz, darauf schreibe Schrift und Bildniß, so scheinet als denn die Schrift und glanz vom Metall hindurch. Die Federn aber, damit man aufs Blech schreibet, müssen nicht gespalten seyn; darnach umlege das Blech mit Wachs, und etze, wie angezeigt worden ist. Oder

Oder nimm ein wenig Wachs, Kiehnruß und geschabte Kreyde, zerlasse es zusammen in einem Tiegel, damit bestreich die Klinge, oder das polirte Blech, aufs dünneste, heiß an, schreibe oder reisse darauf, was du willst, daß also die Schrift fein durchsichtig ist, umlege denn die Klinge oder Blech mit Wachs, thue darauf gutes ungetödtes Scheidenwasser, laß es eine ziemliche gute Stunde, so wie du die Schrift und die Bilder tief haben willst, darauf stehen, bis es dich dünket tief genung zu seyn. Darnach giesse Brunwasser darauf, so wird das Scheidewasser getödtet, damit wasch es ab, und nimm alsdenn heisse Asche, und einen wollenen Lappen, und reibe dasselbe aufs reinste ab, darnach mit einer Bürste und warmer scharfen Lauge, so ist also dein Kupfer oder Blech mit dem, was du darein geschrieben und einwärts geetzt, verfertiget.

Oder schreib es mit Oelfarbe, wie oben, wenn du die Schrift nicht einwärts etzen oder senken willst, und etze wie gemeldet worden.

Einwärts Etzen.

Nimm:

1 Loth Mercurium sublimatum
1 Loth Grünspan.
1 Loth Vitriol.
1 Loth Alaun.

Zerstoß es durch einander gar klein, und thue es in ein Glas, laß es stehen mit Urin, das es wie

wie ein Oel werde, einen halben Tag, rühr es oft um bestreiche und umlege denn das Blech mit Wachs, wie jetzt berichtet ist. Wenn du denn darauf geschrieben hast, so nimm das Etzwasser, streich es darauf, laß es einē halben Tag stehen, so frißt sich die Etze hinein; wilst du es aber tief haben, laß es desto länger stehen.

Oder nimm Mercurium sublimatum mit Eßig, thue es darauf, laß es eine halbe Stunde oder länger, so ferne du es tief haben wilst, stehen.

Eine andere gute Etze.

Nimm Mercurium sublimatum mit alten Urin, und thue, wie berichtet.

Ein gülden Wasser zu machen, und damit kostbar kalt zu vergülden, auf Allerley, Stahl und Eisen.

Alaun, ½ Quintlein,
Salz, ½ Quintlein,
Salpeter, 1 Pfenniggewicht.

Diese drey Stücks mische unter einander, und reibs auf einem Steine zu subtilen Pulwer. Darnach nimm 12 Blatt fein Gold, reib es mit dem vorigen Pulver auf dem Stein, bis du kein Gold mehr sehen kannst; alsdenn thu es in einen venedischen Scheidekolben, gieß rein frisch Wasser daran, daß es drey Quer-

finger

finger über das Pulver gehet. Nimm frischen Sand, thu ihn in ein Scherblein, setze ihn in eine Glut, und wenn der Sand warm ist, so setz das Glas darein, stopf das Glas zu mit einen leinen Tüchlein, oder Baumwollen, laß es sieden, bis kein Wasser mehr darinnen ist, und wenn es gelbe Bläslein aufwirfe, und zu einem Mus worden ist. so nimm rectificirte Brandwein, nnd gieß ungefehr eine Nußschaale voll darein; stopfe denn ein Wachs darüber, daß es durch dem Bradden nicht ausriche, laß es einen oder zwey Tage und Nächte stehen, daß es nicht geöffnet werde, alsdenn seig es ab in ein ander Gläslein; nimm ein Feder, und schreib mit diesem Wasser auf Stahl oder Eisen, das polirt ist, so wird es gülden. Oder wenn du auf polirte Harnisch oder Klingen vergülden willst, so nimm von diesem Wasser mit einer temperirten Feder, und schreib oder mahle es auf die Klinge, und merke fleißig, wenn das Gold auf der Klinge am höchsten auf der Farbe scheinet, so tüpf mit einem leinen Tüchlein oder Baumwollen darauf, und wisch das Wasser hinweg, so bleibt das Gold ganz schön und beständig.

Eine andere gute Etze auf Messerklingen.

Nimm Urin von einem Knaben, und thue Kupferwasser, Alaun, Grünspan, Salz ingleichen Theilen darein, und laß es zerschmelzen, und bestreich also das Messer mit Wachs, und schreib dann mit einem Pfriemen in das Wachs was du willst. Darnach thue das Wasser darauf: wenn es eingetrocknet, so streich noch einoder zweymal hinauf, bis es tief genung eingebissen hat.

Eine schöne Versilberung auf Kupfer und Mesing.

Nimm ein Loth oder ein Buch geschlagen Silber, resolvirs in 2 Loth oder mehr Scheidewasser, darnach thue es in eine kupferne Schaale mit Wasser, so wird ein Kalk daraus: den trockne ab beym Feuer, thue dazu 8 Loth gemein Salz, 5 Loth Weinstein, mische alles untereinander in einem heissen Mörsel. Wenn du nun versilbern willst, so reib es mit einen naßen Finger hinein, wasch es mit Wasser ab, und gerbe es mit einem Gerbeisen.

Eine andere Versilberung auf Eisen und Kupfer.

2 Loth Salmiac,
3 Loth Gallmey,
4 Loth Salz, das gegossen ist,
1 Loth Weinstein,
½ Loth Alaun,
½ Loth Scheidesilber.

Reib dieses zusammen auf einem Steine ganz klein, denn thue es in ein Glaß mit einem Quintlein scharfen Weinessig, und laß es zergehen

hen in mäßiger Wärme, denn bestreich das Eisen oder Kupfer damit, so oft, bis dichs dünket weiß genug zu seyn.

Leinöl zu reinigen.

Nimm Leinöl, so viel du willst, thue es in ein Becherlein von Lindenholz, setz es über ein Kohlfeuer, und laß es wohl heiß werden, alsdenn ist es gereinigt.

Wie man schöne Gründe und Leime präpariren soll

Ein Grund und Leim.

Nimm Oblate, zerreibe oder stosse sie in einem Mörsel, thue es in ein Tiegelein, und gieß ein wenig Wasser daran, laß es eine Nacht stehen, so quillt es; darnach reibs auf einem Steine, thue es wider in den Scherben, gieß ein gut Theil Wasser daran, so wird es schwach: willt du ihn aber stark haben, so laß ihn dicke, wie ein Mus.

Ein anderer Leim.

Nimm abgang vom Pergament, ein gut Theil, wasche den Kalk und die Kreide daraus bis daß nichts mehr Weisses davon gehet, Nachdem thue es in einen unglasirten Topf, gieß ein Maas Wasser daran, laß den dritten Theil einsieden, das übrige seige durch ein Tüchlein ab, und wirf den Schleim hinweg, so ist es fertig.

Wie

Wie man mancherley Farbe zum Schreiben zubereiten und temperiren soll.

Gelbe Farbe oder Dinte.

Nimm Auri pigmentum den allerbesten, und reibe ihn ganz klein mit Gummiwasser von Gumi arabicum auf einem Stein, thue dazu ein wenig Saffran, der wohl gerieben ist; thue ihn darnach in eine saubere Muschel, und gies Gummiwasser daran, rühre das mit der Feder um, und schreib damit, wird schön gleissend. Dergleichen magst du auch Bleygelb also zubereiten. Oder nimm Rauschgelb, reibe und temperire dasselbe mit Gummiwasser, wie berichtet, und ist gar schön und gut damit aus der Feder zu schreiben, allein daß die Fliegen solche Farben gerne abfressen, und davon sterben. Oder nimm Bleygelb und reibe das sehr klein, und nimm denn das Weisse aus dem Ey und temperire es damit, und das ist auch schön. Desgleichen präparire die weisse und andere Farbe, allein das Eyweiß muß allezeit durch einen reinen Schwamm geläutert werden.

Rothe Farbe.

Nimm Zinober so viel du willst, auf einen Stein, und reibe ihn mit Gummiwasser, auch mit 2 oder 3 Tropfen Eyerklar, ganz wohl; darnach thue ihn in eine Muschel mit einem lautern Wasser, und läutere ihn alsso; laß die Farbe zu Boden fallen, gieß das Unreine ab, und gieß wieder frisch Wasser darauf: das thue einmahl

mahl oder drey, bis die Mettallfarbe hübsch roth zu Grunde liegt; darnach temperire es mit einem Gummiwasser, und schreibe damit, wird eine schöne rothe Dinte.

Der Zinnober aber muß zuvor gereiniget, und der Salpeter und Unflath daraus gebrennt werden. Das mache also: Den Zinober thue in eine blecherne Pfanne, halt es über ein Kohlfeuer, laß es recht heiß werden, so gehet das Unreine im Rauch davon, und wird ganz rein: darnach thue den Zinnober auf den Stein, präparire und temperire ihn, wie berichtet.

Eine Temperatur zur Farbe.

Nimm Bieressig, lege dareln Gummi arabicum, laß es über Nacht oder länger stehen und temperire damit die Farben.

Eine andere rothe Farbe.

Oder nimm Alaun und Gummi arabicum, zerreibe es ganz trocken zu einem Pulver auf einem Stein, darnach thue es in ein Scherbelein oder Muschel, und gieß Regenwasser daran, daß es darinn zergehet, und thue den Zinnober, welcher zuvor wohl abgerieben seyn muß, darunter, rühre es um mit einem Federlein, und schreibe damit, wird schön und glänzend.

Blaue Farbe oder Laßur.

Nimm ölblauen Lasur 1 Loth in eine Muschel, und gieß darauf Gummiwasser, rühre es um mit

mit einer Feder oder Finger, gieß mehr Gummiwasser daran, und lege weisse Myrrhen, so groß als eine Bohne, auch so viel Gummi tragantum, darein; darnach thue es auf einen Reibestein, und zerreibe es unter einander: Wenn das geschehen, nimm es vom Stein in eine Muschel, u. s. w. So du nun damit schreiben willst, rühre es wohl unter einander, tunke die temperirte Feder ein: wenn die blaue Dinte schön und gerne aus der Feder geht, so ist sie recht und wohl temperirt; wo aber nicht, so ist sie zu dicke; thue mehr Gummiwasser daran, das nicht dicke ist, rühre es oft um, u. s. w.

Eine bessere.

Nimm ölblauen Lasur, der von Art schön und rein ist, in eine Muschel, und gieß Wasser darauf, daß sichs nässe; flöße es mit reinem Wasser aus einer Muschel in die andere, laß sichs setzen, und wenn der Lasur zu Grunde liegt, gieß das Wasser ab, temperire es mit Gummiwasser, und schreib damit; oder reib den Lasur mit Gummiwasser gar klein, thue ihn in eine Muschel oder Gläslein, und laß es setzen; darnach gieß es ab in ein ander Gefäß oder Muschel, und laß es wieder setzen; das thue so lange, bis er rein und lauter wird, und temperire es alsdenn mit Gummiwasser.

Eine bessere.

Lasur genommen, thue ihn in ein klein glasirtes Gefäß, gieß daran eine gute scharfe Lauge, und schwemme es fein aus einer Muschel in die andere, bis es klar und subtil wird. Darnach läutere es zum letzten ein- zwey- oder dreymal mit reinen Brunnenwasser ab, temperire es mit einem Gummiwasser, und schreib damit; du darfst es nicht reiben auf einen Stein.

Die 4 Farben mag man, als Lasur, Auripigmentum, Zinober und Mennig, mit reinem Wasser spülen, und wenn der Zinnober und Mennig mit Eßig gerieben wird, so verliert sie die Farbe, aber von dem Spülen kommt sie wieder.

Bleyweis zu temperiren.

Bleyweis nimm 1 Loth deines Gefallens, reibe es wohl mit Gummiwasser auf einem Stein, thue es in ein Gefäß, und temperire es mit mehr Gummiwasser, nicht zu dicke, noch zu dünne, so hast du eine schöne weisse Farbe, damit zu schreiben.

Alle Farben, die man haben kann, so man sie lichter haben will, denn sie an sich selbst sind, mische unter eine jede Bleyweis, nach Art und Gelegenheit deines Gefallens, wie du begehrest, damit magst du seltsame Farbe zubereiten.

Eine schöne weiße Dinte auf weiß Papier zu schreiben.

Nimm Eyerschalen, wasche sie wohl, reibe sie mit reinen Wasser auf einem Reibestein gar klein, thue sie alsdann in eine Schüssel, laß es stehen,

stehen, bis sichs gesetzt hat; davon gieß gemach ab das Wasser, und laß die Materien trocken werden. Willst du die nun gebrauchen und damit schreiben, so nimm reinen Gummi armoniacum, davon das gelbe abgethan, leg den über Nacht in distillirten Eßig, bis der Gummi zergehet; darnach seige es, und misch darunter einwenig dieses gemachten Pulvers, schreibe damit auf weiß Papier, so wird die Schrift weisser und schöner, denn das Papier an sich selbst ist.

Grüne Dinte.

Nimm die schwarzen Kreuzbeere, welche auf den Hagendornen wachsen, gebrochen zehn Tage nach Michaelis, thue sie in einem Mörsel, und zerstoß sie mit Allaun, und drucke hernach den Saft in ein Tüchlein: solchen Saft nimm mit sammt den Grünspan, soviel du willst, auf einen Stein, reib das wohl durch einander, und temperire es mit Gummiwasser.

Eine andere.

Oder nimm die obbemeldte Kreuzbeer, nach Michaelis gebrochen, drucke die durch ein Tüchlein, und thue den Saft in eine Schweinsblase, hänge sie über einen Ofen und laß den Saft dürre werden; darnach nimm davon, soviel du willst, und reibe ihn mit Grünspan und Gummiwasser, wird auch eine schöne grasgrüne Farbe zum Schreiben. Wo du aber den Saft von bemeldten Beeren nicht haben magst, so nimm

Bleygelb, thue den unter den Grünspan, und reibe das auf einem Stein, mit Gummiwasser temperirt, wird auch eine schöne grüne Farbe, damit man schreiben mag.

Und D. Matthiolus von Sena schreibt im 1. Buche, 39. Cap. man soll Wegdornbeer und Kreuzbeere, so sie zeitig und schwarz worden, nehmen, die haben inwendig einen grünen Saft, welchen auch die Mahler gebrauchen: Denn soll man mit Laugen, darinn Alaun gesotten, vermischen, so wird daraus eine lustige saftgrüne Farbe, damit man auch Pergament und Papier färben kann.

Eine andere.

Nimm Grünspan, Silberschaum, (genannt Lithargirium) Queckfilber, jedes so viel du willst, und reib es wohl unter einander mit Urin von einem Knaben, so hast du gleich die Farbe eines Schmaragds, schön grün, nicht allein mit Gummiwasser temperirt zum Schreiben, sondern auch mit einem reinen dünnen Leimwässerkein, damit zu färben oder zu mahlen.

Oder nimm Grünspan, wohl gerieben, temperire es mit dem Weissen aus dem Ey, wie oben gemeldet, und ein wenig Alaun.

Eine andere.

Nimm Saft von Raupenblättern, misch darunter ein wenig Grünspan und ein wenig Safran, reib es wohl auf einem Stein durcheinander,

einander, und wenn du damit schreiben willst, temperire es mit arabischen Gummiwasser, wird schön.

Eine andere.

Oder nimm Nachtschattenblätter und Weinrauten, und stoß es wohl zu Saft in einem Mörsel; darnach seige ihn durch ein rein Tüchlein, mit Allaun und Gummi temperirt, ist auch damit zu schreiben gut.

Man mag auch alle Farben, wie die genannt werden, mit einem schlechten Wasser und 2 oder 3 Tropfen Honig ganz wohl abreiben, darnach in eine Muschel gethan, und frisch Wasser darauf gegossen, und rein abgeläutert wie die Metalle dergleichen geläutert werden: alsdenn temperire die Metallfarbe mit Gummiwasser, und schreib damit, wird schön.

Eine Dinte, womit man auf Papier Linien machen kann, die sich, nachdem darauf geschrieben, wieder verlieren und auslöschen.

Nimm Weinstein, brenne den zu Aschen, bis es weiß worden: davon nimm 1 oder 2 Loth, lege es in ein Schüsselein voll Wasser, und laß es zerschmelzen; darnach seige es, und thue darunter kleingestoßenen oder geriebenen Goldstein, (Lapis Lydius) so viel es genug seyn mag, daraus wird eine Dinte, damit linire oder schreibe. Und wenn du solches wiederum willst auslöschen oder tilgen, so nimm das Weiche vom Brode, und reibe das Papier damit, so verschwinden die Linien, daß man sie ganz und gar nicht mehr sehen kann.

Pergament und Papier, wie man das mit mancherley Farben färben soll.

Willst du Pergament und Papier mit mancherley Farben färben, so nimm das Pergament und nagle es ganz wohl und stark auf allen Seiten auf ein Brett an, daß die obige Seite, auf der die Haare gestanden, heraus komme; alsdenn nimm deine zugerichtete Farbe, streich die mit einem Pinsel hinauf, zwey oder dreymal nach Gelegenheit, so lange, bis dichs dünket, schön genug zu seyn.

Schwarz Pergament oder Papier zu machen.

Nimm für drey Pfennige Kiehnrauch, oder so viel du willst, und setze es mit wenig Wasser in einem Topf an ein Feuer, laß es aufsieden, bis du den Kiehnruß hast darunter gerühret. Darnach thue darein 1 Loth Gummi Tragant, und ein dünn Leimwässerlein, und färbe damit Pergament oder Papier, wird schön schwarz.

Oder reibe den Kiehnrauch auch auf einen Stein mit Bier oder Cofent ein; darnach thue es in einen Topf, laß ihn trocken werden: nachdem gieß ein schwach warm Leimwasser daran, thue ein wenig Eyerklar dazu, bestreich das Pergament oder Papier, wie oben, wird auch

schön

schön schwarz. Wenn du darauf schreiben willst, so fahre mit einem schwarzen Läpplein zuvor dreymal darüber hin, alsdann kannst du darauf schreiben.

Gelbe Farbe.

Nimm Kreuzbeere von einem Hagedorn, die acht Tage vor Laurentii gebrochen soll werden, stoß sie in einem Mörsel mit Alaun; willt du sie aber schön gleissend haben, so thue ein wenig Gummi arabicum, der gestoßen ist, in dem reinen lautern Saft, alsdenn färbe damit Pergament und Papier, es wird schön gelb.

Oder brich die Kreuzbeere, wie jetzt genannt, und dörret sie aber in der Sonne, oder auf dem Ofen; wenn du sie haben willst, so nimm ihrer eine Hand voll, thue sie in einen neuen Topf, siede sie sehr wohl eine Viertelstunde mit einem guten Weineßig, thue darein gestoßenen Alaun; dieß ist gut, Papier und Pergament damit zu färben.

Oder präparire die Farbe mit Aurum pigmentum, oder Bleygelb, wie oben berichtet, mit weiß von einem Ey, und dergleichen.

Rothe Farbe.

Nimm ein roth gut Brasilwasser, wie angezeigt ist, bestrich das Pergament oder Papier zwey bis dreymal damit, bis dichs dünket roth genug zu seyn.

Oder nimm die Ruberica, oder die rothe Farbe, wie angezeigt, reibe sie zum ersten ganz klein auf einen Stein mit lautern Wasser ab, laß sie trocken werden, darnach nimm ein dünn Leimwässerlein, thue darein die abgeriebene Farbe, zerrühre es mit einem Pinsel, bis dichs dünket schön genug zu seyn.

Oder leg Gummi tragantum in ein Regenwasser, laß es zergehen zween Tage und eine Nacht; mit solchem Wasser temperire die abgeriebene Farbe, und färbe damit, wie berichtet: oder nimm abgeläutert Eyerklar, und ein schwaches Leimwasser, thue darunter die abgeriebene Farbe, und färbe damit, wird auch schön.

Willst du dieses und dergleichen schwarz oder andere gefärbte Pergamente fein glänzend haben, so streich es mit einem dünnen Firniß an, desgleichen auch das Papier.

Grüne Farbe.

Nimm Grünspan, und von Kreuzbeeren den Saft, reib es miteinander auf einem Stein ganz wohl, und temperire es mit einem reinen Leimwasser, nicht zu stark, färbe damit, wird schön.

Oder nimm schwarze Kreuzbeere, die um Michaelis sollen gebrochen werden, dazu auch Nachtschatten, zerstoß es zusammen in einem Mörsel, und siede sie so grün unter einander, und thue ein wenig gestoßenen Allaun darunter,

und

und färbe damit, bis es schön wird. Willst du sie aber glänzend haben, so thue Gummi darein, und ist auch gut damit aus der Feder zu schreiben.

Oder nimm Berggrün und Grünspan unter einander wohl gerieben, mit einem Leimwasser aufgestrichen, wird eine schöne Farbe.

Oder nimm Kreuzbeere, um Margaretha gebrochen, und präparire sie mit solcher Temperatur, inmassen wie bey der blauen Farbe von den Heidelbeeren gemacht, hiernach folgend angezeiget wird: allein, daß du den Saft davon auspressest, und thue denselben in eine Schweinsblase, und häng es in die Luft, und wenn du sie haben willst, so gebrauche sie, wie daselbst berichtet ist.

Blaue Farbe.

Nimm ölblau- oder lichtblauen Lasur, in ein rein Leimwässerlein gethan, und umgerührt; wenn du mit färben willst, so bestreich das Pergament zuvor mit einem Grund an, laß es wohl trocken werden: darnach färbe das Pergament mit der blauen Farbe ganz eigentlich mit einem reinen Pinsel, so wird es schön blau, darauf man schreiben kann.

Oder nimm 4 Maas reife Heydelbeere, thue die in einem großen Mörsel, und zerreibe sie mit einer Reibkeule. Thue darunter 4 Loth klein gestoßenen Alaun, und reibe es wohl miteinander,

der, bis es dick wird. Darnach thue es in eine Mulde voneinander, und laß es dürre werden; und wenn du solche Farbe gebrauchen willst, nimm sie, und temperire sie mit einem dünnen Allaunwässerlein, damit kann man die Bücher auf dem Schnitt schön blau anstreichen und färben. Willst du aber damit Papier und anderes blau färben, temperire die Farbe mit einem reinen dünnen Leimwässerlein, darauf man wohl schreiben mag. Willst du sie lichter haben, reibe ein wenig Bleyweiß, oder eine reine Kreyde darunter.

Und D. Matthiolus von Siena schreibet im 1. Buche, 69. Cap. man soll Saft von Heydelbeeren mit Alaun und Galläpfel vermischen, giebt eine blaue Farbe zum Briefmahlen.

Weiter im 4. Cap. Holundersaft von den Beeren genommen, und ein wenig Alaun dazu gemischt, wird eine gute blaurothe Farbe.

Braune Farbe.

Nimm weissen Gallizenstein, zerstoße ihn, und thue ihn in ein gut Brasilwasser, das zuvor abgesotten ist, und laß es ziemlich sieden, wird eine schöne braune Farbe, dienet auch wohl damit zu schreiben, wenn ein wenig Gummi arabicum, darein gethan wird, und gebrauch sie.

Wenn du nun mit Farben, sie seyn grün, gelb oder roth, auf gefärbt Pergament geschrieben

ten hast, so nimm nach deinem Gefallen einen dünnen sogenannten Mahlerfirniß, und bestreich solche Schrift und Pergament, darauf es geschrieben, mit einem reinen Finger dünne an, setze sie an eine Stelle, da wenig Staub ist, den Sommer in die Sonne, den Winter beym Ofen, und laß es trocken werden, wird schön glänzend.

Wie man Federn auf mancherley Art färben soll.

Willst du Federn roth, grün, schwarz, braun und gelb färben, so schabe die Härlein fein ab mit einem scharfen Messer, und die Häutlein von den Röhren desgleichen. Darnach schneide ab die Spitzen, wisch die Federn mit einem wollen Tüchlein, und lege sie 12 Stunden in Alaunwasser in eine Mulde. Ehe du färbest, thue sie heraus und laß sie trocken werden: wenn das geschehen, alsdenn richte die Farbe zu, und thue, wie folget;

Schwarze Federn.

Siede sie in Gallus, der gestoßen ist, mit guten scharfen Weineßig. Laß zuvor den Gallus und Eßig aufsieden, ehe du die Federn darein legest. Wenn sie aufgesotten haben, so nimm sie heraus, und lege sie in Eyerweiß, daß mit Saft von welschen Nußschalen temperirt ist; wende sie um, mit einer Hand durcheinander: dar-

darnach thue sie wieder in obbemeldtes Wasser, und laß sie sieden, aber nicht lange.

Grüne Federn zu machen.

6 Loth Grünspan,
2 Loth Salmiac.

Temperire es mit guten Weineßig, und reib es wohl durcheinander auf einem Stein; thue die Materie in ein kupfern Becken, giesse mehr Essig daran: alsdenn thue die Federn hinein, wende sie oft um, bis sie schön genug sind.

Oder siede sie in obbemeldtem grünen Wasser, von den schwarzen Kreuzbeeren, die um Michaelis sollen gebrochen seyn, und Nachtschatten, werden auch schön grün.

Rothe Federn.

So die Federn zuvor in Alaunwasser, gleichwie zu allen Farben, gelegen haben, thue sie darnach in Brasil, und siede sie, wie angezeigt.

Braune Federn.

Nimm die Federn, und siede sie in der Brasil mit dem Gallizenstein, wie unten berichtet wird.

Gelbe Federn.

Sind sie in dem Wasser von den dürren Kreuzbeeren, wie angezeigt ist. Wenn du nun die

die Federn auf alle gemeldte Farben gefärbet hast, und die trocken geworden sind, so nimm eine nach der andern, und bestreich sie dünne zwischen 2 Fingern mit Mahlerfirniß, stecke sie voneinander an einen Ort, da es nicht staubig ist, und laß sie trocknen.

Beschreibung, wie man gute beständige Dinte verfertigen soll.

Von der Gestalt und Eigenschaft der Species.

Gallus.

Welcher Gallus schwarz ist, und viele Runzeln hat, der ist gut, je älter, je besser.

Der andere, der große glatte Körner hat, leicht ist, und inwendig weiß aussieht, der ist geringe; welcher aber inwendig gelb nnd schwer ist, der ist gut und der allerbeste.

Vitriol.

Von dem nassen muß man ein Pfund haben. Item, der Vitriol, der vom Wetter trocken und weiß gefärbt ist, davon nimm ¾ Pfund.

Gummi arabicum.

Der Gummi, der lauter, durchsichtig, gelb und leicht ist, der ist gut.

Item,

Item, der Gummi, der große Körner, als die kleinen welschen Nüsse hat, ganz roth und runzlicht und zum Theil glatt ist, der ist falsch und Harz, zergehet nicht, und bleibt in der Dinte, und klebt wie Leim.

Von der Kraft und Wirkung der Materien und Species.

Eßig.

Der Eßig hindert, daß die Dinte nicht schimmelt.

Urin.

Daß sie nicht eintrocknet.

Salz.

Das sie nicht zu dicke wird, und hilft auch wider den Schimmel.

Alaun.

Daß sie keine Feces behält, und lauter bleibt.

Faul Wasser.

Daß der Eßig nicht zu stark wird, und durchschlägt.

Gallus und Vitriol.

Bringet die Schwärze.

Gummi.

Hält und stärkt die Schwärze, und macht sie glänzend.

Was sonderlich dabey zu merken ist:

1. Wenn man die Dinte läßt sieden, so werden die andern Zusätze alle kraftlos.

2. Wenn das Gefäß glasirt ist, verdirbt die Dinte von der Glätte, als dem Bley.

3. Wenn Brod darein kommt, verdirbt sie.

4. Wenn ein Weib zu uurechter Zeit darüber kommt, verdirbt sie auch.

5. Im letzten Viertel des Mondes setz die Dinte an, so wird sie fertig im Zunehmen des ersten Viertel des andern Mondes, und bleibt ganz beständig.

Wie man eine gute Dinte aus obbeschriebenen Grunde machen soll.

Folget:

Willst du eine gute Dinte machen, so nimm:

3 Kannen Eßig,
1 Kanne faul lauter Wasser,
1 Kanne lautern Urin,
1 Pfund Gallus,
¾ Pfund trocknen Vitriol,
10 Loth Gummi,
4 Loth Alaun,
1 gute Hand voll Salz.

Stoß es klein, untereinander gemengt, und thue

es

es in einen unglasirten Topf, gieß darauf die obgemeldten 5 Kannen, wohl heiß gemacht, aber nicht aufsieden lassen, auf die obbeschriebenen vermengten Species, bey einem Kohlfeuer also heiß eine Viertelstunde umgerührt. Darnach 14 Tage kalt, alle Tage zu dreymal, wohl aufgerührt, mit einem Brettlein zugedeckt stehen lassen, und alsdenn abgeläutert, in ein Waldburgisch Gefäß gethan, und zugedeckt an einem temperirten Ort gesetzt. Darnach 7 oder 8 Gallenkörner zu Vierteln geschnitten, in der Dinte umgerührt gestanden, das ist die Mutter.

Art und Natur dieser Dinte.

1. Ist sie schön blau und dünne aus der Feder zu schreiben.

2. Riecht sie wohl und wird bald trocken.

3. Sie schwitzt nicht.

4. Sie schimmelt nicht.

5. Sie trocknet nicht ein.

6. Sie wird nicht dicke.

7. Je älter die Dinte, je schwärzer und besser sie wird. Und diese Dinte ist gut, auf dünn weiß Papier zu schreiben.

Eine andere und stärkere Dinte.

Item, nimm des faulen lautern Wassers 4 Kannen auf die obgemeldten so vielen Species, und gehe eben so, wie oben angezeigt, so hast du eine gute Dinte.

Gebrauch und Nutzen dieser Dinte.

Item, die jetzige Dinte mit dem Wasser an sich selbsten, dienet für die Originalbrife und Canzleyschriften, oder andere Dinge auf Pergament, denn sie läßt sich nicht radiren, gehet nimermehr ab, und behält ihre Schwärze ewig.

Item die erste und dünne Diente behält auch ihre Schwärze.

Ein andere mitteldinte.

Item, nimm der jetzigen Wasserdinte einen Theil, oder ein Nössel der ersten blauen dünnen Dinte, und menge sie wohl durcheinander, und laß sie stehen, so hast du eine gute Diente damit auf Pergament ꝛc. zu schreiben.

Item, so die erste Dinte zu dünne oder zu blau seyn sollte, so hilf ihr mit der schwarzen starken Diente.

Ist die andere Dinte mit dem Wasser zu stark, so mache sie dünne mit der ersten blauē Dinte.

Item, die Mitteldinte ist eine gute Handdinte in allen Canzelleyen und Schreibstuben täglich zu gebrauchen.

Eine andere gemeine und gute Handdinte.

Nimm ½ Maaß Bier, oder guten Wein, ist besser, setz es über ein Feuer, und laß es wohl erwärmen; thue darein

4 Loth Gallus,
2 Loth Vitriol,
3 Loth Gummi.

Untereinander gestossen; thue ein wenig Salz dazu, rühr es alle Tag 1 oder 3 mal um; das thue 1 oder 4 Tage lang, so hast du eine gute Dinte auf Papier und Pergament, welche man zu allen Sachen brauchen kan, und mag wohl füglich eine gemeine gute Hausdinte genennt werden.

Wenn du der jetzigen Dinte mehr machen wollest, mußt du hauptsächlich auf Maaß und Gewicht der Species achtung geben.

Oder nimm die grünen Hülsen oder Schelfen von den welschen Nüssen, thue sie in Regenwasser, laß sie acht Tage stehen, rühre sie um; so die acht Tage verflossen, nimm solches Wasser 2 Maaß, mit obbenanter Materie, also, daß das Wasser ein wenig lauicht ist, thue es darein, und rühre sie oft die 8 Tage, wie oben gemeldet.

Oder nimm solche Hülsen von den Nüssen, dörre sie auf dem Boden zerstreut; thue sie darauf in einem grossen Topf, gieß jetzt genanntes Regenwasser darauf, laß es abermahl acht oder zehn Tage stehen und weichen, alsdenn nimm das Wasser, und thue, wie jetzt berichtet

Darnach, wenn du die zubereitete Dinte von dem Gezeuge in ein ander Gefäß (wie gesagt) gethan hast, so nimm das jetzt benannte Wasser, nnd gieß es über die alte Materie, die im Topfe bleibt, rühr es um, und laß es stehen, Wenn du es bedarfst, Dinte zu machen, so thue solch

Wasser

Wasser auf die neue Materie, und verfahre, wie oben, so hast du wieder gute Dinte.

Eine andere gar gute schwarze Dinte.

6 Loth türkischen Gallus,
5 Loth Vitriol,
4 Loth Knöpflein von Erlenbäumen, welche auch die Hutmacher zum Färben gebrauchen,
4 Loth Gummi arabicnm.

Dieses stoß zusammen zu einem Pulver; darnach gieß ½ Nössel Bier darauf, und setz es in einem unglasirten Topf 5 oder 6 Tage lang im Sommer in die Sonne, und des Winters auf den Ofen, alle Tage 1 oder 3 mahl umgerührt, und alsdenn durch ein Tüchlein gesciget, so hast du gar gute und beständig schwarz Dinte, welche man zu allen Sachen und in Schreibstuben gebrauchen kan, und bleibt beständig; sie wird auch bald trocken.

Eine andere gute schwarze Diente, die D. Matthiolus von Sena im 5 Buche, 57 Cap beschreibt.

Willst du eine köstliche schwarze Dinte machen, so nimm der kleinen knoblichten Galläpfel 5 Loth, zerstoß sie grob! ferner
3 Loth Vitriol,
2 Loth Gummi arabici,
½ Quintlein Salz.

Thue alles in einen glasirten Topf, gieß darauf

2 Pfund oder 1 Nössel guten weissen Wein, der heiß ist, vermache oben den Hafen oder Topf, setz ihn 14 Tage an die Sonne, oder im Winter auf den Ofen, und rühre es alle Tage, so hast du gute Dinte,

Die grössten Galläpfel haben die Eigenschaft, daß sie järlich anzeigen, ob dasselbe Jahr fruchtbar oder Unfruchtbar ist, ob Krieg oder Pest kommen wird. Nimm im Jenner oder Hornung einen neuen ganz unversehrten Gallapfel, der nicht löcherich ist, brich ihn mitten entzwey, so findest du darinn eine unterr den dreyen, eine Fliege, Würmer, oder Spinne. Die Fliege bedeutet Krieg, das Würmlein Theuerung, und die Spinne einen Sterbenslauf.

Eine andere schwarze Dinte, so Alexius Pedemontanus in Welschland beschrieben.

Nimm Gallus, so viel du willst, stosse ihn grob, thue ihn in eine eiserne Pfanne über das Feuer, gieß darüber ein wenig Baumöl, wohl durcheinander gerührt, bis es ein wenig geröstet wird; Darnach thue das in einen verglasirten Topf, gieß darauf weissen Wein, der 6 oder 7 Querfinger hoch darüber geht; thue darein 12 Loth Gummi arabicum, und 16 Loth gestossenen Vitriol, stelle es etliche Tage an die Sonne, und rühre es alle Tage wohl durcheinander, darnach siede sie ein wenig auf dem Feuer, laß sie kalt werden, 8 Tage stehen, und wohl umgerührt, so nimmt der Wein die schwarze Farbe

von

von der Materie an sich; thue sie darauf in eine Flasche. Man kan andern Wein auf die Materien giessen, und ferner, wie gemeldet, mit neuen Specien vermischen und verfahren.

Ein gut Dintenpulver zu machen.

Willst du ein recht und beständig Dintenpulver zurichten, so nimm nach Gelegenheit

o Pfund türkischen Gallus,
4 Pfund Vitriol, der in der Sonne, oder bey der Hitze gedörret ist,
1 Pfund Gummi arabicum,
1 Pfund gebrannten Alaun,
1 Pfund Weinstein,
1 Pfund Salpeter.

Zerstosse jedes besonders in einem Mörschel gar klein, und thue es durcheinander gemengt in einen Kessel, laß es ein wenig warm und hart werden; darnach siebe es durch ein Haarsieblein, und thue es in ein Schachtel, so hast du ein gut Dintepulver.

Nutz nnd Gebrauch dieses Pulvers.

Nimm ein wenig Wasser, oder Bier, oder weissen Wein, ist besser, thue das Pulver darein, rühre es um, so hast du gute Dinte. Oder thue dieses Pulver in bleiche Dinte, und rühr es um, so hast du ein gute schwarze Dinte.

Ein ander Dintenpulver in der Noth zu haben.

1 Loth Kiehnruß,

1 Loth gebrannten und gestossene Pfirsichschlaalen,
1 Loth Vitriol,
1 Loth Gallus, das zuvor in einer Pfanne bey dem Feuer geröstet ist,
4 Loth arabischen Gummi.

Stosse alles ganz klein zu Pulver, siebe es, misch es wohl untereinander, behalt es in einem ledernen Säcklein, oder in einer Büchse, und gebrauche es, wie oben angezeigt.

Eine rothe Brasieldinte zu machen.

Willst du eine gute Brasildinte machen, so nimm ein Loth Brasilholz und einen dritten Theil von einem Maas Bier oder Wein, und thue es in einen Topf oder Hafen, laß es eine Nacht über dem Holz stehen. Des Morgens, wenn es hübsch helle am Himmel ist, setz es zum Feuer und laß es halb einsieden, jedoch, daß es nicht überlauft. Nachdem thue zu jeden Loth Brasil für 1 Pfenige Alaun. klein gestossen, auch so viel arabischen Gummi, rühr es wohl durcheinander, und laß es noch einmahl aufsieden; darnach nimm sie vom Feuer, und laß es kalt werden. Seige sie durch ein Tüchlein in ein Glas oben wohl verstopft, wird eine schöne rothe Dinte zum schreiben. Willst du sie aber braun haben, so bald sie gesotten ist, gieß ein Theil in ein apartes Gefäß, und schabe ein wenig reine Kreyde darein, oder ungelöschten Kalk; siehe aber zu, daß sie nicht überläuft: wenn du

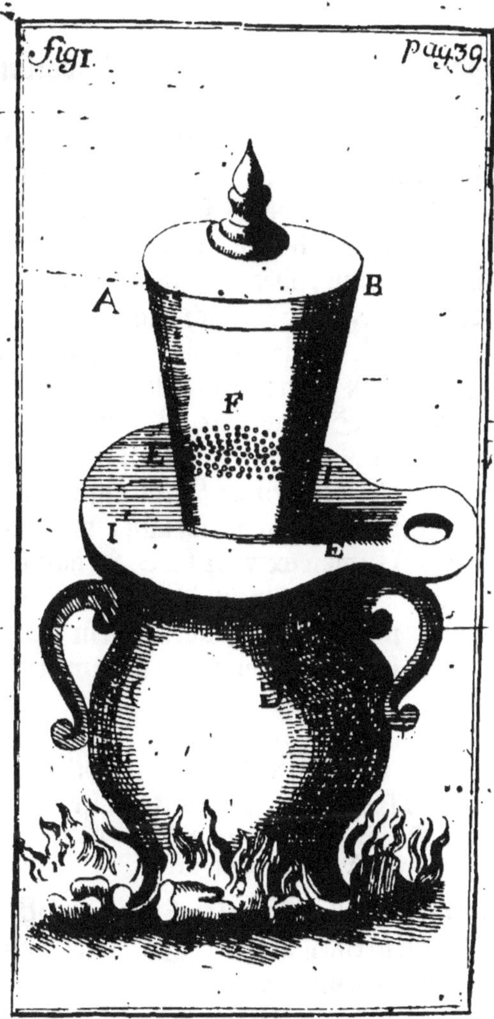
fig1.
Pag439.
A
B
F
E
I
I
E

ie Kreyde hinein thust, und so sie kalt worden it thue ferner damit, wie berichtet.

Viererlei Farben von Brasil zu machen.

Nimm Brasilspäne, so viel du willst, die zuvor eine Nacht eingeweicht sind, koch sie im Wasser mit Alaun, bis der dritte Theil, oder mehr, eingesotten ist, oder so lange, bis die Farbe fein roth wird. Darnach nimm es vom Feuer, und theile in vier Theile, ein jedes in ein apartes Gefäß; davon behalt einen Theil zu schöner rother Schreibdinte. Unter den andern Theil mische Kalkwasser, so hast du schön braunroth. Unter den dritten Theil mische Laugen, so bekommst du schön violbraun, und unter das vierte Alumen ex vini fece, so hast du dunckelbraun. Allein, wenn du solche Materien darunter mischest, muß alles warm seyn. Thue darnach in jedes Gummi arabicum, und verwahre es.

Wie alle Metallen, als Gold, Silber, Kupfer, Meßing, Zinn und Eisen,

aus der Feder zu schreiben, bereitet und temperiret werden sollen.

Wie man Salz zu Metallen bereiten soll.

Nimm Salz in einen neuen Napf, hart eingestopft, und setz es in eine Glut, daß der Napf mit dem Salze ganz glüend werde. Nimm es darnach aus dem Feuer, laß es erkalten, und dis Salz ist scharf und gut, damit alle Metallen gerieben werden.

Und

Und so du nun Metallen reiben und präpariren willst, so nimm das obbemeldte Salz, einer Haselnuß groß oder mehr, thue die Metallen dazu auf einem Reibstein, und reibe sie mit Gummi wasser, und 2 bis 3 Tropfen Jungfern hönig gar klein. Darnach thue sie ab vom Stein in eine Muschel, und läutere sie mit warmen Wasser 3 bis 4 mal in eine andere Muschel, das Salzwasser reib ab. Darnach läutere mit Brunenwasser, bis die Metallen ganz rein zu Grunde liegen, auch das Schwarze gar abgegangen, und das Wasser rein auf den Metallē ist, und temperire sie mit einem dünnen, nicht zu starken Gummiwasser: Schreib damit, laß die Schrift wohl trocken werden, polirs mit einem Zahn gegen der Wärme, den Sommer in der Sonne und den Winter bey dem Ofen, so wird es schön glänzend.

Mit Gold oder Silber zu schreiben.

Nimm des obgemeldten Salzes einer Haselnuß groß, oder mehr, auf einem Reibstein, gieß Gummiwasser daran, und reibe das durcheinander. Darnach lege Gold oder silber 11 bis 14 Blatt darein, oder nimm bey einem Goldschläger Abschnitte von Gold und Silber, da komt man leichter dazu, und thue es darein, und reibe das wohl drey oder vier Stunden, oder länger, untereinander ganz klein. Wenn das geschehen ist, thue es vom Stein in eine Muschel, und gieß warm Wasser darauf, rühre es säuberberlich mit der Feder um, so zerschmelzet das Salz, und das Gold und silber fällt zu Grunde. Darnach gieß das Salzwasser reine von dem Gold und Silber ab, und gieß wieder frisch Wasser daran, rühr es abermahl um, und laß das Gold oder Silber wieder zu Grunde setzen. Das thue 4 oder 5 mal, bis das Wasser rein und helle auf dem Golde oder Silber steht. Das Wasser thue rein ab, und temperirs mit einem dünnen Gummiwasser, rühr es um, wie oben, und schreib damit, wird ganz schön; polirs mit einem Zahn, wenn es trocken worden ist, gegen der Wärme in der Sonne oder bey dem Ofen.

Ein anderes, Gold und Silber aus der Feder zu schreiben.

Nimm 1 Loth oder mehr Gummi arabicum, laß ihn zergehen und ein wenig dick werden; darnach nimm das Gummi, als eine welsche Nuß groß, auf einem Reibstein, lege das Gold oder Silber immer ein Blättlein nach dem andern darauf, wohl untereinander gerieben, und so du dessen willst viel machen, mußt du mehr Gummi nehmen, und wen du dasselbe, so viel du es haben willst, zerrieben hast, so nimm zwo Muscheln, und thue das geriebene Gold und Silber vom Stein hinein, las es wohl setzen, darnach gieß es ab in die andere Muschel, laß es aber setzen. das thue so lenge, bis das Gold oder Silber im Grunde rein wird; alsdenn temperirs

perirs mit mehr Gummiwasser, nicht zu stark, und schreib damit, laß es trocken werden, darnach polirs mit einem Zahn, wird gar schön.

Eine Silberdinte.

Nimm 1 oder 2 Loth Quecksilber, und gieß einen guten starken Eßig daran, und ein wenig ungelöschten Kalk, und thue es zusammen in ein Glaß, setz es auf eine kleine Glut, bis es zergehet, so hast du eine gute Federdinte, die da siehet, wie Silber. Willt du Goldfarbe haben, so thue ein wenig Saffran darein.

Eine andere.

Nimm 1 Loth Zinn und 1 Loth Wißmuth, laß es zergehen, thue dazu 1 Loth Quecksilber, rühr es wohl untereinander, bis es kalt wird. Darnach zerstoß es in einem Mörsel, und reibs auf einem harten Stein, mit solcher Eigenschaft, wie oben angezeiget. Alsden schwemme es, wie die Mettallen geschwemmt werden; darnach temperirs mit Gummiwasser, schreib damit, laß die Schrift trocken werden, polire es mit einem Zahn, so hast du eine feine Silberdinte.

Eine Goldfarbdinte.

Nimm Aurum pigmentum, Crystal, jedes 2 Loth, stosse beydes wohl zu kleinen Pulver, und misch es darnach, durch einen Schwamm geläutert Eyerklar, wohl durcheinander.

Güldne

Güldne Buchstaben.

Nimm Weineßig und Salmiac, temperire es durcheinander, und schreib damit; darnach so schreib es zu dreymalen mit dem Saffran, hast du hübsche Goldfarbe Buchstaben, u: s. w.

Mit Meßing zu schreiben.

Meßing genommen, bekommt man bey den Rothgiessern, siebe es durch ein Haarsieblein, Darnach nimm das kleine, und thue es auf einen harten Reibstein, mit obbemeldten Salz vermischt, gieß Gummiwasser daran, und reib es so lange, bis es klein genung ist. Darnach thue es in eine Muschel, und schwemme oder läutere es rein mit warmen Wasser, das Salzwasser ab, als denn mit Brunnwasser, wie oben angezeigt, bis das Metall rein und lauter zu Grunde liegt, gieß das Wasser ab, und temperirs mit Gummiwasser, und schreib damit, laß es wohl trocken werden, und polirs, wie oben. Oder nimm einen harten Wetzstein, und reibe die Metalle darauf in einem Becken mit Wasser, und thue es denn in eine Muschel, und temperirs mit Gummiwasser. Willst du, daß es vest stehen soll, so thue ein wenig Gummi ceralorum in das Gummiwasser, und schreib damit, darnach polirs mit einem Zahn, so wirds schön glänzend.

Mit Kupfer, Zinn, Stahl und Eisen zu schreiben.

Willst du mit Kupfer, Zinn, Stahl und Eisen

sen schreiben, so nimm solche Metalle, ein jegliches insonderheit, und zerfeile das mit einer kleinen Feile aufs kleinste. Darnach siebe es durch ein Haarsieb, desgleichen thue mit allen, denn sie haben alle einerley Zubereitung. Nimm das kleine mit samt dem Satze, thue es auf einen Reibstein mit Gummiwasser, und halt dich mit dem Reiben und Läutern, wie bey dem Messing und andern genugsam angezeigt, alsdenn temperirs mit Gummiwasser, schreib damit, laß es trocken werden, darnach polirs mit einem Zahn, so wirds glänzend, desgleichen thue auch mit den andern.

Mit Wißmuth zu schreiben.

Item, nimm Wißmuth in einem eisernen Löffel, halte ihn über ein Feuer, und laß ihn zergehen, und so er zerschmolzen ist, wirf darunter ein klein Stücklein Speck, der verbrennt den Unflath, und so das ausgebrennt hat, laß ihn kalt werden, und thue ihn darnach in einem Mörsel, und zerstosse ihn aufs kleinste. Wenn er wohl zerstossen ist, so nimm ihn darnach, und thue ihn auf einem Reibstein mit oftgedachten Salz und Gummiwasser, und reib ihn wohl 4 Stunden nacheinander, Alsdenn thue ihn in eine Muschel, und schwemme ihn mit warmen Wasser, bis das Salz zerschmelzt und abgeläutert wird. Darauf läutere ihn mit Brunnenwasser gar rein, bis das Metall oder Wißmuth weiß zu Grunde liegt, und das Wasser, wie angezeigt, lauter ist, und temperirs mit Gummiwasser, und schreib damit. Laß die Schrift trocknen, und polirs in der Wärme gegen den Ofen, oder in der Sonne mit einem Zahn.

Nota.

Alle Metallen, so mit Salz gerieben werden, sollt du über Nacht im Salz nicht liegen oder stehen lassen: denn die Metallen verrosten, und das Salz macht sie zu nichte, und das sollt du insonderheit fleißig bey diesen Stücken merken.

Eine gar schöne Kunst, wie man Gold und Silber mit Behändigkeit künstlich zum Schreiben bereiten soll.

Zu einem gemahlen Golde nimm einen reinen Reibstein und einen Oberstein, für den Oberstein aber sollt du ein Distillirkölblein, der etwann zwo, mehr oder weniger, eine Kanne halten, nehmen: stosse dasselbe in 4 oder 5 Theile, nimm der Theile eins, das unten eine halbe Kugel hat, damit zermalme oder zerreibe das Gold oder Silber auf dem Stein, wie hernach klärlich angezeigt wird.

Wie man den Gummi zubereiten soll.

Nimm den besten arabischen Gummi, der fein rein und durchsichtig ist; leg ihn in ein Wasser, ungefähr eine Viertelstunde, oder nicht so lange, nimm ihn heraus, und wasche ihn mit reinen Fingern, so reibet sich das erste Häutlein ab; dar-

darnach gieß ein ander rein Wasser daran und laß ihn in einer Nacht zergehen, du must aber des Wassers nicht viel nehmen, auf daß der Gummi, wie ein flüßig Oel bleibet, so ist er gerecht und gut.

Wie man den Salpeter reinigen soll.

Nimm ein glasirt Tiegelein, und thue es halb voll, oder ein wenig mehr, Salpeter, und setz es über eine Glut, laß es zergehen, schäume das Unsaubere oben mit einem Hölzlein ab, laß es kalt werden, so setzt sich das Schöne zu Grunde; das nimm und schabe es mit einem Messer, oder zerstosse es in einem Mörsel gar klein. Du must aber insonderheit, wenn du den Salpeter zu der Glut setzest, gut Achtung geben, denn es mißlich und gefährlich vorzusehen ist.

Vom Reiben.

Nimm 1 Loth des zubereiteten Salpeters auf dem Reibstein, und gieß darauf ein wenig Gummiwasser, rührs mit obgedachten Kölblein untereinander, bey einer viertel oder halben Stunde, bis es wird, wie ein Mus. Darnach nimm bey einem Goldschläger für einen Ortsthaler feine güldne Blättlein, oder Abschnitte, und thue ein Blättlein nach dem andern darauf, und reibs mit dem Kölblein unter das Mus. So du nun alles Gold unter diesem Brey vermischt hast, so rühre diesen rothen oder gelben Brey

bey

bey 4 Stunden oder länger, wenn mans klein haben will, untereinander, je länger, je besser es wird.

Wie man nun das Gold oder Silber läutern oder schwemmen soll.

Wenn nun also das Zermalmen geschehen, so ist nöthig, daß man habe zwo oder drey gläserne Schweinschalen und warmes Brunnenwasser. Thue das geriebene Gold oder Salpeter in eine Schaale, gieß ein wenig warm Wasser daran, treib ihn mit einem Finger oder Haarpinsel voneinander. Darnach gieß die Schaale voll warmes reines Wassers, und rührs mit einem Haarpinsel voneinander. Darnach gieß es wohl auf, und laß es eine Viertelstunde stehen, so legt sich das Gold am Boden, und wird der Salpeter und Gummi zu einem Wasser. Darnach gieß das Wasser säuberlich ab, so findest du das Gold am Boden. Dies Gold magst du noch 3 oder 4 mal schwemmen, von einer Schaale oder Muschel in die andere. Letzlich thue das Gold mit einem reinen Pinselein in ein sauber und rein Müschelein, und wenn du damit schreiben willst, temperirs mit Röhrwasser, und nicht mit Gummiwasser, u. s. w.

Ein Wasser zu machen, darinn alle Metallen zu Pulver werden, und darnach schön aus der Feder zu schreiben sind.

6 Loth Salz,
1 Loth Salmiac,

1 Loth Sal alcali,
1 = Grünspan,
1 = Federweiß,
1 = Vitriol,
1 = Alaun.

Diese Stücke zerstoß in einem Mörsel ganz klein: darnach thue das Pulver in ein Glas, gieß Urin darauf, und mach das Glas oben vest mit Wachs zu, laß es stehen bis auf den 9ten Tag, so wird ein schön grün Wasser daraus. Das Wasser heb wohl auf, und wenn du mit Metall schreiben willst, so schütte oder thue die Metalle, welche du haben willst, darein, die werden zu Pulver. Darnach gieß daß Wasser rein von dem Pulver in ein ander Glas, und nimm das Pulver aus dem Glase, thue das in eine Muschel und läutere es: darnach temperirs mit Gummiwasser, und schreib damit, wird schön glänzend, wie ein Spiegel.

Die Metallen auf Holz zu schreiben.

Bereite und temperire die Metallen, wie oben angezeigt ist, aber das Gummiwasser muß stark gemacht werden, deshalb so thue ein halb Loth Gummi Tragant darein, so hält es vest am Holze, darnach polire es mit einem Zahn, so wird es schön glänzend.

Wie man Gold oder Silber auf das Glas oder Harnisch schreiben oder mahlen soll.

Nimm das Gold oder Silber, wie ich es oben zuzubereiten gelehrt habe, aber du sollst nicht Gummi=

Gummiwasser daran giessen, sondern nimm $\frac{1}{2}$ Loth Scheidewasser und $\frac{1}{2}$ Loth Kirschblüthensaft, gieß beydes zusammen, temperire das Gold und Silber damit, mahle oder schreib damit auf Glas oder Harnisch, und laß es trocknen, so wird es schön.

Ein anderes.

Nimm $\frac{1}{2}$ Loth Scheidewasser, und wirf darein ein Quintlein Sal alcali, so wird ein grün Wasser davon: dasselbe Wasser gieß an das Gold und nicht Gummiwasser, und schreib damit auf Harnisch oder Glas, so beisset sich das Gold darein, und wird ganz schön.

Eine Temperatur, damit alle Wasser temperirt werden.

Zu der Temperatur nimm!

2 Loth Gummi arabicum,
1 Loth Gummi cerasorum.

Lege beydes in ein Schüsselein, gieß lauter Wasser darüber, eines Fingers breit, und laß es einen halben Tag stehen, bis die Gummi wohl zergangen und weich worden sind; alsdenn zerreibe den Gummi mit den Fingern wohl im Wasser durcheinander, und thue eine kleine Nußschaale voll Honig dazu, und eine Eyerschaale voll Eßig in das Wasser, daß alles wohl untereinander vermischt wird. Darnach seige es durch ein rein Tüchlein, das Wasser in ein Glas zu behalten, ab. Das Wasser soll seyn so dicke, als ein Oel; dann es ist gut zur Temperatur zu allen Farben, und man kanns wohl ein halb Jahr in einem Glase frisch behalten.

Weiß Pergament, wie man das zum Schreiben pinsiren und bereiten soll.

Nimm ein Rüthlein oder Stöcklein, und breit das Pergament aus, klopf damit den Kalk aus. Nach dem nimm ein scharf Messer, und schabe den Kalk reine gegen den Haaren (auf der Seite, da die Haare gestanden) auf, klopfe abermal die Haut mit dem Stöcklein den Kalk ab; darnach nimm einen Filz oder wollen Lappen um die Hand, und bestreich damit das Pergament überall wohl: schab abermal mit dem Messer, wie oben, und reib mit dem wollen Tuch, alsdenn nimm weissen Bimsstein, und pinsire damit das Pergament, und stäube ein wenig den Staub wieder mit dem Rüthlein, wie oben, ab, darnach ist es darauf zu schreiben gut.

So aber das Pergament im Schreiben fliessen will, so nimm Eyerschaalen, die rein gewaschen und gedörrt sind, zerstoß oder zerreibe sie, wie ein Mehl, darnach nimm ein rein wollen Läpplein, und bestreich damit das Pergament wohl, ist gut und lieblich darauf zu schreiben.

Oder man kann auch solches bald nach dem pinsiren thun.

Daß das Papier nicht durchschlägt.

D. Matthiolus sagt im 1. Buche, 26. Cap. man soll nehmen trocknen Firniß, Sandraca genannt, das Papier damit bestrichen, läßt die Schrift nicht durchfliessen.

Denn vor Zeiten haben die Alten auf Birkenrinden geschrieben, ehe denn die Lumpen zum Papier sind erfunden worden.

Daß die Mäuse oder Würmer die Schrift nicht fressen.

Mehrgedachter Doctor Matthiolus von Siena schreibt im 3. Buche, 23. Cap. man soll Wermuth in Wasser sieden oder einweichen, dasselbe in die Dinte giessen und gebrauchen, so zernagen die Mäuse oder Würmer nicht die Schrift. Gleiche Kraft hat auch der Saft.

Wie man Fundamentgründe, darauf Gold und Silber zu legen, präpariren und bereiten soll.

Ein Gold- oder Silbergrund.

Nimm Kreide und brenne sie, darnach reib sie auf einem Stein mit Leim und 2 Tropfen Honig ganz wohl, und schreib damit. Laß die Schrift trocken werden, schab sie ganz säuberlich, nimm ein Pinselein, stoß es in klares Wasser, drucks Wasser wieder aus, und überstreich die Schrift mit dem feinen Pinselein, alsdenn leg

 das

das Gold darauf, und drücke es mit einem Zahn wohl in das Fundament, daß es haftet: Denn polirs mit dem Zahn, so wirds schön glänzend.

Ein besseres.

Nimm Armoniacum 1 Loth, zerreib ihn auf einem Steine, thue daran einen guten Eßig, darnach 2 Tropfen Honig, und reib es, bis der Gummi weich worden: Wird er sich aber im Reiben blättern, so thue ihn in ein Scherblein, setz ihn auf glüende Kohlen, laß ihm zergehen, aber nicht zu heiß werden, und so er wieder kalt worden, nachdem schreib damit auf Pergament und Papier. Laß die Schrift trocken werden, darnach hauche darauf, und leg das Gold oder Silber mit einem Griffel auf das Fundament, drücke mit einem Zahn oder reinen Finger das Gold oder Silber auf, und fahr darauf mit einem reinen Hasenfusse säuberlich auf dem Golde hin. Kehr das rein ab, so wird es sehr schön.

Ein anderer guter Goldgrund.

Nimm 1 Nössel Naumburgisch oder Wurzner Bier, setz es zum Feuer, laß es etwas über die Hälfte einsieden, schäume es wohl, daß die Feuchtigkeit daraus kommt: gieß wieder so viel Bier daran, als zuvor; laß es abermal, wie gemeldet, einsieden, und thue das also zum drittenmal, und wenn es wieder über die Hälfte eingesotten ist, und etwa ein wenig mehr, als die

Hälfte

Hälfte eines halben Nössels bleibt, und noch ziemlich warm ist. Thue alsdenn darein 5 oder 6 Löth Gummi arabicum, des reinen und besten, der fein klar und durchsichtig ist, und ein wenig Enzian, so fressen die Fliegen den Grund nicht; laß es kalt werden, so hast du einen gar guten Silber- und Goldgrund, der schön aus der Feder gehet.

Wie man mit diesem Goldgrunde schreiben soll.

Willst du mit Gold schreiben, so thue ein wenig Saffran in den Goldgrund, wo aber mit Silber, laß ihn an sich selbst bleiben. Ist der Grund zu dicke, gieß ein wenig gesotten Bier darein, wo es aber zu dünne, laß ihn besser sieden. Der Gummi und Enzian muß nicht gesotten werden, und ist ein schöner Silber- und Goldgrund, darauf du das Silber oder Gold, wie gemeldet, legen kannst; läßt sich wohl mit einem Zahn poliren, und bleibet ganz beständig, denn dieser Grund verdirbt auch nicht. Wenn er lange gestanden und hart worden ist, und du willst ihn gebrauchen, so gieß ein wenig wohl gesotten Bier daran, das warm ist, so zergeht er wieder, und kann damit geschrieben werden.

Ein anderer sehr köstlicher und guter Goldgrund, damit man auch schreiben und darauf vergülden kann, wie oben berichtet.

1 Loth Gummi Serapini,
1 Loth Gummi armoniacum,
1 Loth Gummi arabicum,
Ein wenig Bolus armeni.

Die 3 Gummi thue in ein Töpflein, und gieß einen recht sauren Eßig darüber, laß es ein wenig sieden, daß die Gummi zergehen: den Unflath schäume ab, thue es auf einen Stein, und mehr Bolus armeni darunter, und reibs miteinander. Wenn er gerieben ist, thue es in ein Gefäß, temperirs mit mehr Eßig, und schreib damit; las es wohl trocken werden. Wenn du das Gold auflegen willst, hauche auf die Schrift, trage das Gold auf, und thue, wie oben berichtet.

Ein Goldfundament.

Nimm eine Ochsengalle, und thue ein wenig über die Hälfte so viel Bier dazu, laß es durcheinander einsieden mit 2 Pfenning arabischen Gummi, und vermisch es mit ein wenig Saffran; schreib damit, und thue, wie weiter berichtet ist.

Ein Silbergrund.

Wie jetzund angezeigt, den Goldgrund zu machen, also wird der Silbergrund auch gemacht, aber

aber den Saffran thue nicht hinein, so ist er auch gut.

Ein anderer köstlicher und guter Grund damit man auf Tuch, Pergament und Papier schreiben, und darnach vergülden kann.

Gummi Serapini,
Gummi arabicum,
Gummi armoniacum.

Eines soviel als das andere mit Eßig angemacht, man mag ihm auch Bleyweiß- oder eine andere Farbe geben, damit es nicht sogar durchsichtig ist, wohl auf einen Stein gerieben.

Gebrauch.

Schreib damit, laß es trocken werden, darnach legs an einem feuchten Ort, vergolde es, laß es wiederum trocken werden, und wisch das übrige Gold mit einer Baumwolle oder Hasenfusse ab.

Ein Fundament, Bücher zu vergülden.

Nimm Bleyweiß, Saffran und Knoblauchsaft, zerreib das mit Eyweiß, und thue dazu ein wenig Gummiwasser, Wenn dies also verfertiget ist, und das Buch in der Presse liegt, so streich dies Fundament darauf, und wenn es beynahe trocken ist, blaß darauf. Das Mahlergold laß gar trocken werden, und polire es mit dem Zahn, so wird es schön.

Wie man Eyerklar bereiten soll.

Nimm ein Ey, und schlag das an einem Orte auf, thue das Weisse in eine reine Schüssel, nimm einen reinen Schwamm, und trockne das Eyerweiß etliche mal dadurch, wie vorgedacht, bis es wie ein Wasser wird; mit dem magst du auch Gold- oder Silbergrund und andere Dinge temperiren.

Grün Siegellack zu machen.

Im Winter nimm:

1 halb Pfund neu gelb Wachs,
6 Loth Terpentin,
2 Loth Baumöl,
1 Quintlein Grünspan.

Im Sommer nimm:

1 halb Pfund neu Wachs,
4 Loth Terpentin,
1 Loth Baumöl,
1 Quintlein Grünspan.

Das Wachs laß zergehen in einem Tiegel, alsdenn las es stehen, bis es ein wenig kühle wird: thue Terpentin und Baumöl darein, rühr es um, darnach thue auch den Grünspan darein, und rühr es wohl durcheinander.

Wenn solches geschehen, alsdenn nimm die Form und mach sie naß, trockne sie mit einem Schwamme ab, gieß darein das Wachs, und lege darnach die Form in Kalkwasser, so gehet das Wachs von der Forme und ist recht gemacht.

Roth Siegellack zu machen.

1 halb Pfund gelb Wachs,
4 Loth Terpentin,
2 Loth geriebenen Zinnober,
1 Loth Baumöl.

Und wenn du solches Wachs im Winter machen willst, so mußt du 6 Loth Terpentin nehmen, und handle damit, wie oben berichtet.

Schreib= oder Eselshäute zu machen und anzustreichen.

Nimm Schaafbeinigen, rein gewaschen, brenne sie zu Pulver, reib sie gar klein, temperire sie mit einem warmen Leimwässerlein, und bestreich damit deines Gefallens das Pergament, so wird es weiß.

Willst du es aber gelb haben, so überstreich es mit gelben Saffran, darnach mit einem dünnen gelben Danziger Firniß, und laß es trocken werden, so hast du weisse und gelbe Schreibhäute, darauf du rechnen und schreiben kannst.

Gründlicher und deutlicher Unterricht zur Migniaturmahlerey.

Ihr Vorzug vor anderer Mahlerey bestehet darinn:

Daß sie viel delicater und zierlicher ist;
Nur in der Nähe betrachtet werden will, und nicht leicht anders, als im Kleinen, zu gebrauchen ist.

Daß sie nur auf Pergament und anderer dergleichen Blätter kommt;
Und die Farben mit blossem Gummiwasser angemacht werden.

Das Zeichnen ist das Fundament dazu; weil aber wenige, die sich mit dieser Kunst vergnügen, es recht verstehen, und es überdies eine lange Zeit und Uebung erfordert, so hat man verschiedenes erfunden, vermittelst dessen man zeichnen kann, ohne es gelernt zu haben.

Die erste Manier ist das Calquiren oder Abziehen, nemlich, daß wenn man ein Kupferstück oder andere Zeichnung in Migniatur machen will, man entweder die andere Seite desselben, oder ein anderes Papier mit schwarzer Kreyde, die man mit einen in ein leinen Läppgen eingewickelten Finger stark darauf reibet, anschwärzet, hernach mit einem andern Tüchlein sachte darüber hinfährt, damit der schwarze Staub, davon das Pergament würde besudelt werden, davon komme und abgewischt werde. Wenn nun dies geschehen, so heftet man das auf einer Seite geschwärzte Kupferstück, oder wenn man ein Papier geschwärzt und also das Kupfer oder die Zeichnung an der andern Seite nicht verderben will, dieses Papier unter dem Kupfer oder Zeichnung mit 4 Stecknadeln auf das Pergament, damit nemlich solches nicht weichen könne, und fährt mit einer stumpfen Nadel, oder einem andern Stifte, über die vornehmsten Striche der Zeichnung oder des Kupfers, als den Umkreis,

die

die Falten am Gewandwerk, und in Summa alle dasjenige, damit eines von dem andern möge unterschieden und besagte Striche auf dem Pergamente mögen ausgedrückt werden.

Die Verkleinerung und Vergrösserung ist eine andere Manier, jedoch nur allein für diejenigen, welche etwas zeichnen können, und eine Tafel oder etwas anders, das sich auf die erste Manier nicht abziehen lässet, nachmachen wollen, und geschieht auf folgende Weise: Man theilt sein Stück, das man nachmachen will, durch gleiche Vierung in unterschiedliche Theile, zeichnet solche mit Reißkohle, wenn die Tafel helle ist, daß man das Schwarze sehen kan̄, oder mit weisser Kreide, wenn es ein dunkles Stück, nachmals macht man dergleichen Austheilung auch auf ein weiß Papier, (denn wenn man es gleich auf das Pergament machen wollte, würde man solches, indem mans nicht gleich treffen kann, und bisweilen falsche Striche geschehen, leicht beschmutzen.) Wenn nun die Tafel und das Papier also gleich ausgetheilt, so siehet man, was in einem jeden viereckigten Felde stehet, als z. E. ein Kopf, ein Fuß, eine Hand, u. s. w. und setzt solches auch also in sein Papier, bis endlich alles beysammen und nichts mehr übrig ist, als die Zeichnung auszumachen, und recht zusammen zu ziehen. Auf diese Art kann man ein Stück so groß oder so klein machen, als man will, indem man die Felder auf dem Papiere oder Quadranten größer oder kleiner, als in dem Origiginale, doch in gleicher Anzahl, machet, und wenn alles fertig, so drückt man solchen Riß auf oberzählte Art auf das Pergamente

Ferner kann man, um eine Mahlerey oder anderes Stück in gleicher Größe nachzumachen, sich eines ölgetränkten und mit Kleyen wieder abgetrockneten Papiers, oder eines Stücks von einer Schweinsblase, so sehr durchsichtig, dergleichen man bey den Goldschlägern findet, oder auch des Tales oder Fraueneises bedienen. Denn wenn man eines von ermeldten Dingen auf sein Stück legt, so scheinet solches ganz hell durch, und können also alle Striche mit dem Pinsel. oder mit Kreyde und einer Feder, abgezeichnet werden. Wenn dieses geschehen, so heftet man dieses mit dem Riß auf das Papier oder Pergament, hält solches gegen eine Scheibe, und zeichnet mit einem Erzbley, oder silbernen Stifte, alle Striche die durch das Glas von dem durchsichtigen Riß auf das darauf geheftete Papier oder Pergament durchscheinen, ab.

Auf diese Weise kann man alle Kupfer und Zeichnungen mit leichter Mühe abreissen.

Will man haben, daß eine Figur auf der andern Seite stehe, so darf man das Blatt nur umkehren, und das Papier oder Pergament auf die weisse Seite heften.

Noch eine andere Art, eine mit Oelfarbe gemahlte Tafel gleich groß zu machen, ist diese! Man fährt mit einem Pinsel mit Oel abgerie-

be-

benen Lack auf den vornehmsten Strichen herum, legt ein gleich großes Papier darauf, und streicht mit der Hand darüber her, so legt sich der Lack auf das Papier, und druckt also die Zeichnung ab, die man denn vorgelehrter massen auf sein Papier bringen kann. Doch ist hierbey wohl zu merken, daß man das übrige vom Lack, ehe es vertrocknet, mit Brodkrumen fleißig von der Tafel abreiben muß.

Man kann sich auch des Durchstäubens bedienen, und wenn man etwas fleißig abgestupft, mit zarten Kohlenstaub in einem leinen Läppgen auf solchen herum dupfen.

Das gewisseste und leichteste Mittel aber für Leute, die nicht zeichnen können, ist nachfolgendes mathematisches Instrument, so gemeiniglich aus zehn hölzernen, zwey Messerrücken dicken, eines halben Zolls breiten und eines Schuh langen (oder auch länger, nachdem man große oder kleine Figuren machen will) Regeln oder Linialen gemacht wird. Der Gebrauch dessen desto besser und deutlicher zu weisen, wollen wir solches mit nachfolgender Figur zeigen: Das kleine Brett mit A bemerkt, muß von Dannenholz, und mit Tuch oder andern Zeug, darauf man das Original und das Pergament, auf welches man jenes copiren will, anheften könne, überzogen seyn. Auf solches Bret bevestiget man mit einer großen Nadel die Instrumente oder Circul zu Ende des ersten Fusses in B, so daß es gleichwol hebe, und dennoch sich auch leicht

uni-

umdrehen lasse. Will man etwas grosses verkleinern, so setzt man das Original gegen den ersten Fuß in C, und das Pergament oder Papier auf die andere Seite bis B, weiter oder näher, nachdem mans groß oder klein haben will. Will man aber etwas kleines vergrössern, so verfährt man widriger Weise, und setzt das Original in B, und das Pergament in C. wie folget:

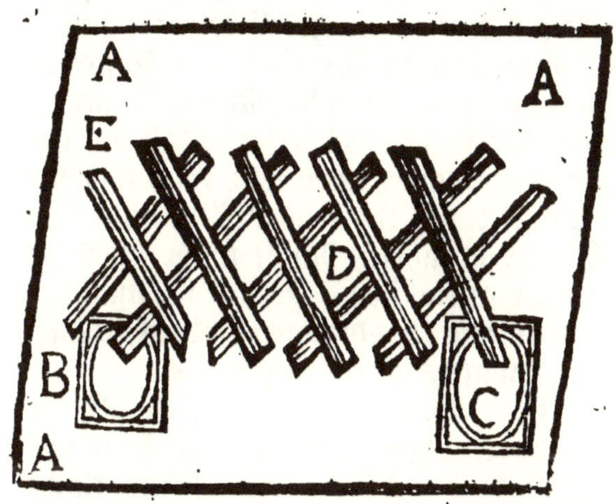

Ferner muß man einen Bley- oder andern Stift oder Nadel in denjenigen Fuß thun, unterwelchen das Pergament oder Papier liegt, in dem Fuß aber beym Originale eine andere stumpfe Nadel, mit welcher man alle Hauptstriche, vermittelst der rechten Hand, führet und nachfähret, mit der linken Hand aber drücket man sachte auf die Nadel, so auf dem Pergamente

ge-

gehet; legt und zeichnet aber solche selbst auf, so ist nicht nöthig, selbige anzurühren.

Mit diesem Instrumente kann man auch etwas in gleicher Grösse nachmachen, aber zu solchem Ende muß man es anders auf dem Brette bevestigen; nemlich in der Mitte bey D und das Original und Copien gleichweit von der Mitte zu beyden Seiten anheften, oder an jeder Ecke, nemlich in C und E wenn es grosse Stücke sind.

Ja man kann damit auf einmal unterschiedliche Exemplare von gleicher Grösse machen.

Und dieses sind die Vortheile und Erfindungen für diejenigen, die nicht zeichnen können.

Wenn also das Stück solchergestalt auf das Pergament gezeichnet worden ist, muß man mit einem Pinsel von Carmin oder Florentiner Lack alle Striche umfahren, damit solche unter der Hand nicht auslöschen. Ferner soll man das Pergament mit Brodkrume säubern, damit nichts Schwarzes mehr übrig bleibe.

Das Pergament aber muß auf ein Kupfer oder hölzern Bretgen, damit es vest halte und ausgestreckt bleibe, gebührendermaßen angeleimt werden, und auch um eines Fingers breit grösser, als das Kupfer oder Bretgen selber, seyn, damit man solches auf der andern Seite anleimen könne. Denn auf der andern Seite, worauf man mahlt, darf man nicht leimen, weil das Pergament nicht allein ungleich dadurch würde, sondern auch nicht wieder herunter gebracht werden könnte. Nach diesem schneidet man

man kleine Schnittlein darein, feuchtet es mit einem nassen reinen Läppgen an der schönen oder glatten Seite, die einwärts gegen das Bret, und ein Papier dazwischen, gethan wird, und leimt, was über das Bretgen hinaus geht, auf die andere Seite des Bretgens hinüber, nachdem das Pergament zuvor gleich und wohl angezogen worden.

Die Farben aber, so zur Migniatur gehören, sind folgende:

Florentiner Lack, oder Carmin,
Ultramarin,
Venedischer und orientalischer Lack,
Kugellack, oder Columbinlack,
Mine de Plomb, oder Mennig,
Vermillon, oder Zinnober,
Brun rouge, oder Braunroth,
Pierre de Fiel,
Ocre de Rus, Okergelb,
Stil de Grain, Beer- oder Schüttgelb,
Auripogmentum,
Gummi Gotta,
Neapolitanischgelb,
Masſicot pale, gemein Bleygelb,
Masſicot jaune, hoch Bleygelb,
Indigo,
Schwarz Helfenbein,
Noir de fumée, oder Lampenschwarz,
Biſtre, oder gekochter Ofenruß,
Umbra,
Verd d'Iris, oder Liliengrün,

Verd

Verd de Vesrie, oder Saftgrün,
Verd de Montagne, oder Berggrün,
Verd de Mer, oder Meergrün,
Grüne englische Asche,
Blaue englische Asche,
Venedische Ceruze, oder Schulpweiß,
Gemein Bleyweiß,
Wahrhafte Chinesische Dinte,
Allerhand trockne Farben,
Gut und falsche Gold- und Silbermuscheln
Gut und falsche Gold- und Silberblättlein

Ferner hat man vonnöthen etliche Paletten oder Täfelein von Helfenbein.

Stöcklein oder Stiele zu dem Pinseln.

Eine helfenbeinerne Büchse, darinn 24. helfenbeinerne Muscheln, in die die 24. zur Mignia- tur gehörigen Farben können gethan werden.

Geweichten Lack,
Wasserfarb,
Gelb,
Grasgrün,
Grau,
Grün,
Veilfarb.

Weil alle Erdfarben, und andere dergleichen grobe Materien, allezeit zu grob seyn, man reibe selbige gleich so zart, als man will, (zumal, wenn etwas delicates soll gemahlt werden,) und allezeit ein gewisser Sand übrig bleibt, so kan man das zarteste solchergestalt davon nehmen:

man reibt solche Farben mit dem Finger in einem Goldscherben mit Wasser ab, und wenn sie wohl erweicht, läßt man sie wieder ein wenig setzen, schüttet hernach (das Scherblein ein wenig neigend) das Klärste, so oben bleibt, in ein ander Geschirr, und läßts trocken werden. Will man sich nun dessen bedienen, weicht man solches mit Gummiwasser, wie hernach gelehrt werden soll, auf. Diese Erfindung ist absonderlich zu dem Schulpweiß gar dienlich, als wobey allezeit spanische Kreide oder Weiß ist, so sich zu Boden setzt, wie das Gröbste bey andern Farben.

Wenn man nun ein wenig Ochsen-Karpfen- oder Aalgalle, sonderlich aber die letztere, in alle grüne, schwarze, graue und gelbe Farben mengt, so bekommen solche einen schönen Glanz, den sie sonst von sich selbst nicht haben. Man nimmt aber die Galle vom Aal, wenn man ihm die Haut abziehet, hängt sie auf und läßt sie trocknen, und wenn mann sich derer bedienen will, weicht man sie mit Brandwein auf, und mischt ein wenig unter die Farbe, die auch schon aufgeweicht seyn muß; es macht dieses nicht allein einen Glanz, sondern hilft auch, daß das Pergament die Farbe gar gerne annimmt, und die Farbe nicht abspringt.

Einige Farben müssen durchs Feuer gereinigt werden, als das Okergelb, Ultramarin und Umbra, dahingegen alle andere dadurch schwarz wer-

werden. Doch wenn besagte Farben mit starken Feuer gebrannt werden, ändern sie sich, und wird das Braunroth gelb, das Okergelb roth, die Umbra auch roth, Schulpweiß wird Citrongelb, welches denn das Massicot ist und genannt wird. Auch ist zu merken, daß das gebrannte Okergelb viel zärter wird, als es zuvor gewesen ist, und linder ist, als das Braunroth allein. Gleichfalls wird das gebrannte Braunrothe viel gelinder, als das Okergelb vor sich, und ist beydes sehr wohl zu gebrauchen. Das schönste und gerechteste Ultramarin, wenns auf einem heissen Eisen oder glüenden Pfanne gebraten wird, wird viel heller und stärker, aber auch gröber und härter in Migniatur zu verarbeiten.

Man hat observirt, daß wenn das Braunrothe gelb werden soll solches durch sonderbare Direction des Feuers geschehen müsse, denn man vermittelst des Feuers Purpur heraus gebracht hat. Eben dergleichen ereignet sich auch wegen des Massicot, denn sonst bey der Operation das Bleyweiß evaporirt. Aus der Umbra aber wird ein herrliches blaulicht Schwarzes werden.

Alle Farben werden in helfenbeinern Scherblein, so dazu müssen gemacht werden, oder in Meermuscheln, mit Wasser, darinn Gummi arabicum und Zuckerkand angemacht. Es gehört aber in ein Glas Wasser ein Daumen groß Gummi, und halb so viel Zuckerkand, welcher letztere verhindert, daß die Farben nicht springen, so gemeiniglich geschieht, wenn mann dessen vergißt, oder wenn das Pergament schmutzig und fett ist.

Dieses Gummiwasser muß man in einem saubern und wohlvermachten Gefäß oder Fläschlein halten, und niemals mit einem Pinsel, darinn Farbe ist, darein langen, sondern man soll allezeit mit einem Röhrlein oder dergleichen, so viel man braucht, heraus nehmen.

Dieses Wasser nun thut man in diejenige Muschel, so man anfweichen will, und reibt die Farbe mit dem Finger auf, bis es genug: wäre die Farbe zu hart, so läßt mans in der Muschel weichen, ehe man mit dem Finger reibt; nachgehends aber läßt man die Muschel wieder trocknen, und so geht man mit allen Farben um, ausgenommen mit Liliengrün, Saftgrün und Gummi Gutte, so nur mit klarem Wasser geweicht werden, das Ultramarin aber, der Lack und gekochter Ofenruß müssen mehr Gummi haben, als andere Farben.

Wenn sich einer der Meermuscheln bedienen will, muß man solche zuvor 2. oder 3. Tage im Wasser liegen lassen, hernach mit warmen Wasser wohl reinigen, damit ein gewisses Salz, das sonst darinn bleibt, und alle Farben, die hinein kommen, verderbet, davon komme.

Damit man aber sehen könne, ob genug Gummi zur Farbe genommen worden, so macht man, wenn sie erweicht ist, einen Pinselstreich auf die

Hand

Hand, welcher, wenn er alsobald trocken wird, zerspringt, und sich die Farbe schiefert, zeigt, daß des Gummi zuviel; läßt sich aber der Strich mit dem Finger hinweg wischen, so ist dessen zu wenig. Man kan es auch daran abnehmen, wenn die Farben auf Pergament getragen werden, und man mit dem Finger darüber fährt, läßt die Farbe ab, so ist des Gummi zu wenig, und muß man dessen mehr in die Farbe thun, damit man mahlet. Doch hat man sich in Acht zu nehmen, daß der Sache nicht zu viel geschehe, weil dadurch die Farben sehr hart und trocken werden; Man sieht es auch an dem Glanz und Lichte, denn je mehr Gummi bey einer Farbe ist, je dunkler ist sie, dahero, wenn man eine Farbe stärker machen will, als sie an sich selber ist, darf man nur desto mehr Gummi daran thun.

Man brauchet auch eine Palette, Scheibe oder Täfelein von Helfenbein einer Hand groß, die sehr glatt seyn müssen. Auf diese thut man die Farben zum Angesicht und Fleisch in solcher Ordnung: In die Mitte ziemlich viel Weiß, denn diese Farbe braucht man hierzu am meisten, auf den Rand aber von der linken und rechten Hand nachfolgende Farben in gewisser Distanz von dem Weissen:

Massicot, oder Bleygelb,
Stil de Grain, oder Beergelb, sonst auch Schüttgelb genannt,
Auripigmentum,

Okergelb,
Grün aus Ultramarin, Beergelb und Weiß eines so viel als des andern gemacht.
Blau von Ultramarin, Indig und Weiß, so daß es ziemlich bleich und gebrochen sey,
Zinnober,
Carmin, oder Florentiner Lack,
Bistre, oder gekochter Ofenruß,
Schwarz.

Auf der andern Seite der Paletten breitet man die weisse Farbe auch aus, wie zur Carnation oder Menschenfarbe, und wenn man ein Gewand machen will, oder etwas anders, setzt man neben das Weisse diejenige Farbe, davon man etwas machen will, und verfährt, wie ich nun weiter sagen will.

Vornemlich ist viel daran gelegen, daß man gute Pinsel habe. Solche wohl zu erkennen, muß man sie ein wenig naß machen, und auf dem Finger herumkehren; bleiben die Haare hübsch beysammen, und geben nur eine Spitze, so seyn sie gut, gehen aber die Haare nicht zusammen, und machen mehr als eine Spitze, deren eine länger als die andere, so seyn sie nichts nutze, zumal zum Punctiren und zur Carnation. Sollte ein Pinsel gar zu spitzig seyn, also daß nur 4. oder 5. Haare zu lang, sonst aber hübsch beysammen wäre, so ist er deswegen nicht zu verwerfen, muß aber mit einer Scheere gestutzt werden; doch habe man Acht, daß man nicht zuviel davon wegschneide. Es ist gut, daß man zwey oder dreyerley Gattung Pinsel habe, deren die gröbste zum Gründen, die mittlere zum Ebauchiren oder Anlegen, die kleinsten aber zum Ausmachen dienen.

Damit aber die Haare am Pinsel sich fein zusammen geben, und eine hübsche Spitze machen, muß man im Mahlen denselben öfters unter die Lippen nehmen, zuspitzen und mit der Zunge anfeuchten, ob auch gleich Farbe darinnen ist, denn wenn zu viel Farbe darinnen ist, so kommt dieselbe solcher Gestalt heraus, und bleibt nicht mehr darinnen, als zu gleichen und glatten Strichen vonnöthen ist. Man darf auch nicht fürchten, daß dieses etwas schaden sollte, massen alle Migniaturfarben (das Auripigmentum, so Gift ist, alleine ausgenommen) wenn sie zugerichtet sind, weder widrigen Geschmack, noch auch was Böses, an sich haben. Zum Mahlen aber braucht man dieses Spitzens und Ableckens bey dem Punctiren sehr oft, und wenn man die Carnation ausmahlt, damit die Striche nett und nicht zu dickfärbig werden. Denn was Gewand und andere Dinge, so zu mahlen sind, anbetrift, so ist es schon genug, daß man zum Anlegen und Ausmahlen den Pinsel, wenn er zu voll, am Rand der Muschel ausstreicht, abstreift und zuspitzt, oder auch auf dem Papier (so man um deswillen allezeit vor sich haben soll, damit man das Pergament nicht beschmutze, und die Hand auflegen könne,) etliche Striche machet, ehe man anfängt.

Damit auch das Werk wohl von statten gehe, soll man in einem Zimmer mahlen, darinn nur ein Fenster, bey dem man nahe sitzen kan, und der Tisch oder Pultbret muß dem Fenster gleich hoch seyn; das Licht aber muß man allein von der linken, und nicht von der rechten Seite oder vorne her haben.

Wenn man eine Farbe gleich stark überhaupt anlegen will, zum Exempel bey einem Grunde, so macht man die Vermischung in der Muschel, und zwar so viel, als vonnöthen, denn so dessen zu wenig wäre, wird mans schwerlich aufs neue wieder so treffen, sondern sie wird entweder zu dunkel oder zu helle werden.

Nachdem wir vom Pergament, Pinseln und Farben gehandelt, wollen wir nun zur Arbeit selbst schreiten. Erstlich, wenn man etwas machen will, es sey Carnation oder Gewandwerk, oder etwas anders, so fängt man mit Anlegung der Farben an, und untermahlt es mit grossen, und so viel als möglich ist, gleichen Strichen, wie man mit Oelfarben thut; auch macht man ein Ding nicht gleich so stark, als es zu letzt seyn muß, das ist, man macht das Licht nicht so helle, und den Schatten nicht so dunkel, als er seyn soll: wenn man hernach punctirt, so stärkt sich erst die Farbe, die sonst zu dunkel würde.

Des

Des Punctirens sind aber unterschiedliche Arten, und jeder Mahler hat seine besondere Manier darinnen. Etliche machen runde Pünctlein, andere machen länglichte, andere Strichlein kreutzweis, nach allen Seiten zu übereinander, bis es aussieht, als ob es getüppelt wäre; und diese letztere Manier ist die helle, kühnste und geschwindeste: daher wollte ich einem, der Migniatur mahlen will, rathen, daß er solche anfangs gleich lerne kräftig und doch gelinde machen, das ist, der Farbe ein Corpus zu geben, und ins Nasse zu arbeiten, das ist, daß sich die Düpflein auf dem Grunde, darauf man arbeitet, gleichsam verliehren, und nicht mehr gesehen werden, als nur, damit man sehe, daß es gedüpfelte Arbeit sey. Hart und trocken ist das Widerspiel solcher Tugend, dafür man sich wohl hüten muß. Es geschieht aber solches, wenn man mit einer viel dunklern Farbe, als der Grund ist, punctiret, oder wenn der Pinsel mit der Farbe nicht genug angefeuchtet ist, davon das Werk rauch aussieht.

Vor allen Dingen muß man sich befleißigen, die Farben verliehren, und eine in die andere zerfliessen machen zu lernen, also daß man den Abschnitt und Unterschied nicht siehet, und die Striche mit beyderseits Farben lindern, solcher Gestalt, daß man nicht sehen kan, daß sie einen Unterschied und Abschnitt machen.

Durch das Wort Abschnitt und Unterschied verstehe ich, wenn ein Ding gleichsam scharf abgeschnitten aussiehet, also daß sich die Farben nicht ineinander verliehren und vereinbaren, welches denn nirgends, als bey einem Saum oder Ende bey dem Gewandwerk, seyn soll.

Wenn ein Werk ganz fertig ist, so thut das Aufhöhen eine sonderbare Kraft und herrlichen Effect hinzu, wenn man nemlich auf das äusserste vom Lichte etliche Blicke von einer dergleichen Farbe, so sich unter der andern verliehren muß, giebt.

Wenn die Farben auf der Palette oder in den Muscheln vertrocknet sind, so muß man solche mit blossem gemeinen Wasser wider aufweichen: findet sich dann, daß der Gummi daran zerrint, (welches man daran abnehmen kan, wen selbige von der Hand oder Pergament, so man mit etwas darüber hinfährt, leicht abgehen,) so machet man selbige mit Gummiwasser neu an, bis sie wieder in rechten Stande sind.

Was den Gruud an Tafeln und Contrefaiten anlanget, so hat man deren unterschiedliche; einige machens ganz dunkel von gekochten Ofenruß, Umbra oder Cöllnischer Erde, zusamt einem wenig Schwarz und Weiß; andere machens gelber, und mengen desto mehr Oker darein; wieder andere lieben das Graue, dazu denn der Indig kommt. Einen Grund nun recht zu mahlen; so machet man einen ganz dünnen Anstrich von

von der Farbe oder Vermischung, die man haben will, das ist, man legt den Grund ganz dünne an, daß gleichsam nur das Pergament angefeuchtet wird; legt hernach noch eine dickere Farbe darauf, und breitet solche mit gleichen und grossen Strichen, so geschwind man kan, aus, und berühret ja keinen Ort zweymal, ehe es trocken worden, denn sonst nimmt der andere Strich wieder weg, was man mit dem ersten aufgetragen hat, zumal wenn man den Pinsel etwas schwer führet und drauf drücket.

Sonst macht man auch andere braune Gründe, die etwas grünlicht kommen, und dieselben sind schier am meisten gebräuchlich, sie schicken sich auch zu allen Figuren und Contrefaiten am besten, darum, weil die Carnation und Leibfarbe am besten darauf stehet. Sie lassen sich auch gar leicht anlegen, ohne daß man solche punctiren müsse, wie bey andern, welche von Anfang gleich werden sollen; dahingegen diese gemeiniglich mit dem ersten Striche geräth. Hierzu nimmt man das Schwarz, Beergelb oder Weiß, eines jeden wenig oder viel, nachdem mans dunkel oder hell zu haben verlanget. Erstlich macht man eine gar gelinde Anlegung, und denn eine stärkere darauf, wie bey andern schon erinnert worden. Ob man nun wohl auch Gründe von andern Farben machet, so sind doch diese erzählten die gemeinsten und gewöhnlichsten.

Will man nun auf einen von besagten Gründen einen Heiligen mahlen, um dessen Haupt, der Gewohnheit nach, eine Gloria oder Schein, kommen soll, so muß man an solchem Orte die Farbe dünner auftragen, oder wohl gar hinweg lassen, (zumal wo solcher Schein helle seyn müsse,) hingegen an dessen statt zuerst Weiß, mit etwas Oker vermengt, gebrauchen, und je weiter es vom Haupte abweicht, je mehr muß man Oker dazu nehmen. Damit aber diese Farbe sich in dem Grunde verliehre, so strichelt oder schraffiret man mit dieser und der Grundfarbe, darunter ein wenig Weiß und Oker, wechselsweise in der Rundung herum, bis sich eines in dem andern unvermerkt verliehrt, und man keinen Unterschied, oder scharfen Abschnitt, mehr sehen kan.

Wen aber der ganze Grund wie eine Gloria oder Schein seyn soll, so legt man das Helleste mit ein wenig Oker und Weiß an, und vermehret die erste Farbe immer mehr und mehr, je weiter man mit an dem Rand kommet, so daß, wenn das Oker nicht stark genug mehr ist, weil es immer dunkler wird, man endlich Pierre de Fiel, ferner Carmin oder Florentiner Lack, und endlich auch gekochten Ofenruß dazu mischet, Und dießes Anlegen muß man so gelinde als möglich machen, das ist, daß die Strahlen sich ohne Abschnitt verliehren. Hernachmals puntirt man mit eben den Farben darüber, damit alles

in

in einander verstiesse, welches sehr langweilig und etwas schwer ist, absonderlich, wenn einiges Gewölke von dem hellen Schein in den Grund gehet: dem Lichte muß man nach Proportion, als dasselbe von der Figur entfernt ist, eine Haltung geben, und auf solche Weise ausmachen, wie das Uebrige mit Punctirung und Rondirung des Gewölkes, ohne daß man merken könne, wie ein Licht und Schatten sich vereinige.

Die Luft eines Tagstücks zu machen, nimmt man Ultramarin mit ziemlich viel Weiß, mischt solches untereinander, und legt die Farbe mit einem grossen Pinsel und grossen Strichen, wie einen andern Grund, so gleich, als möglich, an, also, daß je weiter man auf dem Horizonte herunter kommt, je bleicher auch die Farbe werden lässet. Den Horizont aber macht man mit Zinnober und Mini, und demjenigen Weissen, damit der Himmel aufhöret, oder einem geringern, also, daß sich das Blaue mit dem Rothen, so bis auf die Erde hinunter gehet, und endlich auch mit Pierre de Fiel, und viel Weissen vermengt wird, verliehret, muß man demnach nicht sehen können, wie die Farben am Himmel voneinander verschieden sind,

Sind Wolken in der Luft, so kan man den Ort derselben leer lassen, und dieselben, so sie röthlich sind, mit Zinnober, Pierre de Fiel, Weiß und ein wenig Indig anlegen, da denn, je schwärzer sie seyn müssen, je mehr des letztern

 Man

erfordert wird, also daß das Licht hieran, nachdem es die Noth erfordert, und das Original an die Hand giebt, mit Zinnober, Massicot, und Weiß, weniger oder mehr erhöhet, und damit die Rundung herausgebracht wird, denn es ist sehr schwer, solche hübsch gleich zu untermahlen. Ist denn die Luft nicht gleich genug, so muß man mit dem Punctiren helfen.

Man kan auch machen, daß man den Ort der Wolken nicht leer lässet, sondern dieselbe auf den Grund der Luft anlegt, und das Licht mit vielen Weissen erhöhet, das dunkle aber desto stärker macht, und diese Manier ist die geschwindeste.

Die Luft zur Nachtzeit, oder voll Ungewitter, wird mit Indig, Schwarz und Weiß, untereinander vermengt, so wie man zur Luft bey Tage anstrágt, gemacht: und thut man unter solche Vermischung auch Oker, Zinnober und Dunkelroth, um die Wolken herauszubringen, da denn das Licht mit Massicot oder Mini, und etwas Weiß, nach Gefallen bald röther oder gelber gemacht wird. Bildet man ein Gewitter ab, so daß an theils Orten roth oder blauer Blitz zu sehen, so macht man solches, wie bey der Luft am Tage, daß sich alles in einander verliehret.

Vom Gewandwerke.

Ein blaues Gewand zu machen, thut man Ultramarin neben das Weisse auf die Paletten, und mischt eins mit dem andern, so daß es wohl bleich gleich werde, und ein Corpus bekomme. Mit dieser Vermischung macht man diejenigen Theile, die am helleſten ſeyn ſollen, und thut immer mehr Ultramarin hinzu, wo es dunkler wird, bis man auf die tiefſten Falten und ſtärkſten Schatten kommt, dazu man das lautere Ultramarin nehmen muß, und daß alles nur angelegt werde, das iſt, mit Führung breiter herzhafter Striche, welche nichts deſtoweniger ſich ſo viel, als möglich, vereinigen müſſen, daß das Helle in dem Dunkeln ſich verliehre, vermittelſt ſolch einer Farbe, welche nicht ſo bleich, als die helle, und nicht ſo dunkel, als der Schatten ſey.

Nachgehends punctirt mans mit eben der Farbe, damit man untermahlt hat, nur daß ſolche um ein klein wenig ſtärker ſeyn muß, daß man gleichwohl die Pünctlein ſehen könne. Und iſt abermals nothwendig, daß ſich alles in einander verliehre, und die Falten nicht abgeſchnitten ausſehen. Sollte das Ultramarin nicht dunkel genug ſeyn, den ſtärkſten Schatten damit zu machen, ob man gleich ziemlich viel Gummi dazu genommen, ſo thut man ein wenig Indig darzu: wäre auch das Licht nicht helle genug, ſo höhet man es mit Weiß, und ein wenig Ultramarin.

Gewand von Carmin, oder Purpurfarbe, macht man, wie das Blaue, nur daß man an den dunkelſten Orten mit bloſſem Zinnober einen Grund legt, ehe man mit den Carmin, oder Florentiner Lack, untermahlet, und trägt solches Carmin ohne Weiß, und wo der Schatten am stärksten ist, mit mehrern Gummi auf. Den Schatten aber noch tiefer zu machen, nimmt man gekochten Ofenruß dazu.

Man kan auch noch eine andere Art von rothen Gewand machen, so man ganz mit Zinnober untermahlet, und an den hellen Orten mit etwas Weiß vermengt, also, das der Zinnober an dunkeln Orten allein gelassen, im starken Schatten aber Carmesin darauf gemahlt wird. Man mahlt aber solch Gewand wie die andern aus, und wenn der Florentiner Lack mit dem Zinnober nicht dunkel genug seyn will, nimmt man jenes zu den stärksten Schatten ganz allein.

Ein Gewand von Lack macht man wie das Purpurfarb, nur daß man an hellen Orte viel, und am dunkeln wenig Weiß darzu nimmt: so mahlt mans auch durch das Punctiren aus, nimmt aber gar keinen Zinnober darzu.

Das Veilblaue Gewand macht man auch auf diese Art, nachdem man Ultramarin und Florentiner Lack in einander vermengt hat, da denn zum Licht auch Weiß darzu genommen wird: will man aber, daß das Violblaue Colombinfarbe werde, so muß des Florentiner Lacks mehr seyn, als des Ultramarins. Soll es denn blauer und dunkler seyn, so nimmt man hingegen von diesem mehr, als vom von jenem.

Fleisch

Fleischfarbe Gewand untermahlt man mit Weiß, Zinnober und gar bleichen Lack, also, daß der Schatten mit eben diesen Farben, ausser, daß das Weisse mehr und mehr ausgelassen werden muß, gemacht wird. Dergleichen Gewand muß man gar bleich und zart machen, weil solches ein leichter Zeug seyn soll, daher auch die Schatten nicht gar stark seyn dürfen.

Das gelbe Gewand legt man ganz mit Bleygelb an, denn Gummi Gutte darüber, ausser an den lichtesten Orten, da das Massicot oder Bleygelb allein gelassen wird. Endlich ebauchirt und legt mans an mit Okergelb, mit ein wenig Gummi Gutte und Massicot oder Bleygelb vermischt, welches letztere wenig oder viel genommen wird, nachdem der Schatten stark oder gelinde seyn muß. Sind diese Farben nicht dunkel genug, so nehme man Pierre de Fiel dazu, welche Farbe man auch zu dem allerstärksten Schatten ganz allein gebraucht, oder, wenn es noch dunkler seyn muß, auch mit gekochten Ruß verstärkt. Schließlich vollführt man das Werk mit Puncten, von eben dergleichen Farben, also, daß sich Licht und Schatten in ein ander verliehre.

Nimmt man anstatt dem Bleygelben, oder Massicot und Gummi Gutte, Neapolitanisch Gelb und Stil de Grain, das ist, Beergelb, so kommt eine andere gelbe Farbe heraus.

Das grüne Gewandwerk wird mit einem Grunde von Berggrün angelegt, welches man, wenn

wenn es zu blau, am hellen Orte mit Masticot oder Bleygelb, am dunkeln aber mit Gummi Gutte vermischt. Ferner thut man zu dieser Vermischung Liliengrün, oder Verd d' Iris, oder Saftgrün, oder Verd Visie, zum Verdunkeln und je stärker die Schatten sind, je mehr nimmt man von diesen letzten Farben, braucht auch wohl selbige endlich ganz allein, wo es gar dunkel seyn muß. Die Ausmahlung geschieht mit eben denselben Farben, nur daß sie ein wenig dunkler genommen werden.

Thut man mehr Gelb oder Blau in diese Farben, so kan man nach Belieben unterschiedliches Grünes herausbringen.

Zu schwarzen Gewand ebauchirt man mit Weiß und Schwarz, und mahlets mit eben der Farbe aus, also, daß je stärker der Schatten ist, je mehr Schwarz genommen wird; zum Allerdunkelsten aber braucht man auch Indig, vornemlich, wenn es wie Sammet aussehen soll.

Ein weiß wollen Gewand unterlegt man mit Weiß und ein wenig Oker, Auripigmentum oder Pierre de Fiel, damit es wenig gelblich aussehe; endlich mahlet und schattirt man es aus mit Blau, ein wenig Schwarz, Weiß und gekockten Ofenruß, dessen letztern man je mehr nimmt, je stärker der Schatten ist.

Weißgrau ebauchirt man mit Schwarz und Weiß, und mahlet es mit eben dieser Farbe aus, doch daß solche etwas stärker sey.

Es giebt aber auch andere Gewandwerke, so

man

man schielend nennt, daran das Licht eine andere, und der Schatten wieder eine andere Farbe hat, und bedient man sich solcher Art gar viel bey der Engelkleidung, und bey jungen, lustigen und hurtigen Leuten auch zu Scharpen und andern Leuchtungen, die viel Falten geben, und gleichsam mit dem Winde spielen. Die gewöhnlichsten sind Veilbraun, so auf zweyerley Art gemacht wird, als erstlich die Aufhöhung blau; und denn das mit gelber Aufhöhung.

Bey der ersten Gattung macht man den Grund mit Ultramarin, und sehr weiß, wo das Licht hinein fällt, schattirt es mit Florentiner Lack, Ultramarin und Weiß, wie die ganze veilbraune Gewand, also, daß nur das höchste Licht ganz blau ist, so aber gleichwol auch mit Veilblau, darinn viel Weiß punctirt werden muß, daß sichs mit dem Schatten unvermerkt verliehre.

Die andere Art ist, daß man das Lichte allein (anstatt des Blauen) mit Massicot, oder Bleygelb anlegt, und im übrigen alles machet, wie am ganz Violblauen Gewand nur muß man es mit ein wenig Gummi Gutte punctiren, und also Licht und Schatten, das ist, gelb und violet, miteinander vereinbaren und verliehren machen.

Purpurfarbe macht man wie das letztere, nemlich das Licht mit Massicot oder Bleygelb, den Schatten mit Florentiner Lack, und damit sich eines in den andern verliehre, bedient man sich das Gummi Gutte.

Das Lackrothe, wie das Purpurfarbe.

Das Grüne, wie das mit Lack, so daß man immer was von Berggrün mit Lilien- und Saftgrün zu den Schatten, die nicht gar dunkel sind, vermischet.

Uud also kan man nach Belieben noch mehr Gattungen machen, nur muß man sich hüten, daß man nicht allein in einem Zeuge oder Gewand, sondern auch bey etlichen nahe aneinander auf einem Haufen sich befindenden Figuren nicht solche Farbe zusammen setze, als Blau bey Feuerfarb, Grün gegen Schwarz und dergleichen, die einen Abschnitt machen, und sich nicht wohl vereinigen lassen.

Man macht auch noch mehrerley Gewand von trüben Farben, als: von Braunroth, gekochten Ruß, Indig und dergleichen, so alles auf eine Manier geschieht.. So hat man auch gebrochne oder vermengte Farben, dabey man allezeit sehen soll, was sich zusammen schickt, damit nicht etwas herauskomme, das dem Gesichte zuwider und verdrüßlich ist. Davon aber lassen sich keine gewisse Regeln geben, sondern die Erfahrung ist der beste Lehrmeister, und muß man selbst Acht haben und lernen, was jede Farbe für einen Effect thut.

Die Leinwand macht man also: Nachdem man die Falten bey allen Gewandten gezeichnet, legt man einen Grund mit Weiß an, schattirts

und

und mahlts aus mit vermischten Ultramarin, Schwarz und Weiß, wenig oder viel eines jeden, nachdem es schwach oder stark seyn soll; am tiefsten und dunkelsten Orte aber nimmt man gekochten Ofenruß mit wenig Weiß vermengt, und giebt mit solcher Vermischung auch dem gekochten Ofenruß allein, hier und da, wo es vonnöthen, einen Strich.

Eine andere Manier ist, daß man den Grund mit einer vermengung von Ultramarin, Schwarz und Weiß, aber sehr bleich und gelinde anlegt, und mit eben dieser Farbe, aber etwas stärker, es ausmahlt. Wenn denn die Schatten punctirt und stärker sind, so höhet man das Licht mit ganz Weiß, so sich in dem Grund verliehret, auf. Man mache es aber auf welche Art man wolle, so muß man, wenn alles fertig, an gewissen Orten mit Auripigment und Weiß vermengt, ihm einen ganz gelinden Strich und Tintam geben, also wässerig, daß dasjenige, so unten ist, sowol Schatten als gedüpfelt, dennoch gesehen werden und durchscheinen könne.

Die gelbe Leinwand macht man mit einem mit weissen und ein wenig Oker vermengten Grund, schattirt und macht solchen hernach, mit gekochten Ofenruß, Weiß und Okergeld vermengt, aus, also das der stärkste Schatten mit Bistre oder gekochten Ofenruß allein gemacht, und ehe mans ausmachet, hier und dar mit Oker und Weiß, auch zuweilen mit Weiß und Ultramarin, eine

Tinta oder einige Striche, sowol über die Schatten, als über das Licht, und diese zwar gar helle, gegeben wird, alles aber wird durchs Punctiren vertrieben und linde gemacht, so denn einen herrlichen Effect thut. Endlich höht man das höchste Licht mit Massicot oder Bleygelb von Weiß auf. Man kan in diese und die weisse Leinwand gewisse Sparren oder Streife, wie an den türkischen oder egyptischen Binden, durchmachen, nemlich entweder eine Art blau oder roth von Ultramarin und Fiorentiner Lack, oder einen rothen zwischen zwey blauen, so am Licht gar helle, im Schatten aber dunkel seyn müssen. Gemeiniglich macht man den Hauptzierrath des Frauenzimmers, oder gewisse Gewand um den offnen Busen, auf diese Art, weil es bey einer glänzenden Haut wohl steht.

Wenn man will, daß die Leinwand durchsichtig aussehen, und daß der Zeug, oder was darunter ist, durchscheinen soll, so muß man den ersten Grund gar hell machen, und unter die Farbe, damit man schattirt, ein wenig von derjenigen, so durchscheinen soll, zumal zu Ende der Schatten, mengen, und allein das höchste Licht an dem Gelben mit Massicot, oder Bleygelb und Weiß, an der Weissen hingegen mit ganz Weiß aufhöhen.

Doch kan mans auch auf eine andere Manier machen, absonderlich so man will, daß er gar durchsichtig stehen solle, wie Messulan, Candain

oder

oder Seidenflor. Nemlich man untermahlet und schattirt dasjenige, so unten seyn soll, ganz aus, als wenn nichts darüber kommen dürfte: nachmals zeichnet man die hellen Falten mit Weiß oder Massicot: das ist, Bleygelb, und die Schattigte mit gekochtem Ruß und Weiß, oder mit Schwarz, Blau und Weiß, nachdem man eine Farbe haben will, das übrige macht man etwas matter, jedoch ist solches nicht eher nöthig, als wenn man es nicht gar helle haben will.

Den Flor macht man gleichergestalt, ausgenommen, daß man die Falten in Licht und Schatten, auch den Saum daran, mit kleinen schwarzen Stricklein über das, was unten ist, und gleichfalls zuvor muß ausgemahlt seyn, andeutet.

Wenn man einen Zeug gewässert machen will, muß man die Wasser entweder mit einer hellern oder etwas dunklern Farbe darauf machen, sowol im Lichte, als im Schatten.

Ferner hat man eine Manier, dadurch ein Unterschied zwischen Seiden und wollen Gewand gemacht wird. Diese letztern sind gröber, jene aber leichter und flüchtiger: doch ist zu wissen, daß dieser Effect theils von der Farbe, theils vom Zeug selber herkomme. Und damit man solche recht in der Nähe und Ferne gebrauchen möge, will ich etwas von deren unterschiedlichen Qualitäten anführen.

Wir haben keine Farbe, so mehr vom Lichte hat, und der Luft näher käme, als die weisse; daher sieht man, daß solche leicht und flüchtig ist. Dennoch kan man solche vornen behalten, und durch eine nähere, schwerere, merkliche und besser in das Gesicht fallende Farbe näher kommen, oder auch durch deren Vermischung.

Das Blaue ist die flüchtigste Farbe, daher sehen wir, daß die Luft, und was ferne entlegen ist, diese Farbe hat; sie wird aber noch heller, je mehr sie mit der weissen Farbe vermengt wird.

Die ganz schwarze Farbe ist die schwerste und meist irrdische Farbe unter allen Farben, und je mehr man Schwarz unter andere Farben mischet, je näher kommen sie vor. Nichts destoweniger thut das Weiß und Schwarze, nachdem es unterschiedlich gesetzt wird, unterschiedlichen Effect.

Denn öfters macht das Weisse, daß das Schwarze entweicht, und das Schwarze, daß das Weisse herbey rückt, wie an den Reflexionen der Kugeln, dadurch man dieselben in eine Rundung bringen muß, oder an andern Figuren, da allezeit ein Theil gleichsam zurück weicht und entfliehet, und also das Auge durch die Kunst betrogen wird. Nun sind unter dem Weissen alle leichte Farben begriffen, wie unter das Schwarze alle schwere gehören.

Also ist das Ultramarin eine milde und leichte Farbe, das Okergelb nicht so sehr, das Bley-

gelbe

gelbe und Berggrün ist gar entweichend, Zinnober und Florentiner Lack nähern sich, Auripigment und Gummi Gutte thun es etwas weniger, und sind noch so kräftig, der Lack hält ein gewisses Mittel, und ist mehr gelind als hart.

Beergelb ist indifferent und ohne Unterschied, und nimmt leicht der andern Art an sich, also wird sie irrdisch, wenn sie unter dergleichen Farben kommt, und flüchtig, wenn sie mit Blau oder Weiß vermengt wird.

Das Braunroth, Umbra, Dunkelgrün und gekochter Ofenruß sind die schwersten, und meist irrdische, nach dem Schwarzen.

Die künstlichen Mahler, welche die Perspective und Harmonie der Farben verstehen, nehmen jederzeit genau in Acht, daß sie die Farben, welche das Gesicht erfüllen, voran auf der Tafel und auf den Vorgrund stellen, die helle und entweichende aber in die Ferne und im Verschiessen gebrauchen: und was die Vereinigung der Farben anbelangt, so wird die unterschiedliche Vermischung derselben, so man damit machen kan, die Freund- und Feindschaft, die sie mit einander haben, anzeigen; und nach diesem muß einer sich richten, daß er die Farbe also anbringe, wie es dem Gesicht angenehm fällt.

Allerhand Spitzen und Borten zu machen, macht man überhaupt einen Grund von Blau, Schwarz und Weiß, wie zur Leinwand, nachgehends höht man die Blumen mit ganzen Weiß

auf

auf. Ferner führt man den Schatten mit voriger Farbe darüber, und mahlts auch damit aus. Sind sie denn über der Carnation oder Haut und andern Dingen, die durchscheinen sollen, so mahlt man das Unterliegende völlig aus, und die Spitzen mit Weiß (so man mit voriger Vermischung schattirt) darauf.

Will man Pelz und Futterwerk machen, so muß mans anlegen, wie ein Gewand, und zwar, wenn es braun seyn soll, mit Ristre oder gekochten Ofenruß und Weiß, und den Schatten mit eben solcher Farbe, doch etwas dunkler und weniger Weiß darunter. Soll es weiß werden, so nimmt man Blau, Weiß und ein wenig gekochten Ruß, und wenn solche Untermahlung geschehen, muß man anstatt des Punctirens, nachdem die Haare ihre Art haben, und fallen oder liegen, bald so, bald anders kleine Strichlein machen: das Licht im braunen Pelzwerk erhöht man mit Oker und Weiß, im weissen aber mit Weiß und etwas wenig Blau.

Gebäude zu machen, und zwar wenns steinhaftig seyn soll, nimmt man Indig, gekochten Ofenruß und Weiß, davon mans untermahlet, zum Schattiren aber braucht man weniger Weiß und mehr gekochten Ruß als Indig, nachdem man eine Farbe haben will. So man will, so kan man zum Untermahlen und Ausmachen auch ein wenig Oker nehmen. Damit es aber desto schöner herauskomme, so muß man vornehmlich wo man ein alt Gemäuer vorstellen will, hier und dar gelb und blaue Striche oder Tinten machen mit Oker und Ultramarin, darzu allezeit etwas Weiß genommen werden muß, und daß entweder ehe mans anlegt und untermahlet, und daß solche Dinten durchscheinen, oder auf das Untermahlte, nnd daß sie sich durch das Ausmachen iu das andere verliehren.

Ist die Architectur von Holzwerk, so handelt man, weil dessen vielerley Art ist, nach Gefallen, das gemeinste aber ist, daß man mit Oker, gekochten Ruß und Weiß untermahlt, und es ohne oder mit gar wenig Weissen ausmacht; dabey aber, wenn die Schatten gar dunkel, der gekochte Ruß ganz allein gebraucht wird. Bey andern thut man bald Zinnober bald Grün und Schwarz, und mit einem Worte nach Unterscheid der Farbe, so man ihm geben will, unterschiedlich dazu, und macht es, wie alle andere durch das Punctiren aus.

Von der Carnation Fleisch- oder Menschenfarbe.

Hierinn giebt es sehr vielerley und unterschiedliche Coloriten, daß es schwer fällt, über so vielfältige Sonderheiten allgemeine Regeln zu geben. Doch man kehrt sich auch an keine Regel mehr, wenn man durch die Uebung einen Handgriff und Fertigkeit erlanget hat, ja diejenigen, die so weit gekommen sind, die sehen entweder

blos

blos darauf, daß sie entweder ihr Original nachmachen oder arbeiten nach ihrer Idee und Einbildung, und wissen selber nicht wie; also, daß die Geschicktesten, die es ohne alles Nachdenken und geringerer Mühe, als andere, machen, sich mehr bemühen müssen, die Ursachen und Art anzuzeigen, wenn sie gefragt würden, was für Farben sie zu diesem oder jenen gebraucht haben, als zum mahlen selbst, Jedoch will ich hier den Anfängern zum Besten überhaupt anzeigen wie die Carnation auf verschiedene Weise zu machen sey.

Zuerst, nachdem man seine Finger mit Carmin oder Florentiner Lack umrissen, und das Stück zurechte gericht, so braucht man zum Frauenzimmern, Kindern und allen, die eine zarte Colorit haben, einen weissen Grund mit etwas gar wenigen von demjenigen Blauen zum Gesicht, davon ich gesagt habe; so man aber kaum siehet.

Zu den Männern thut man anstatt dieses Blauen ein wenig Zinnober, und so sie alt sind, ein wenig Oker.

Ferner geht man alle Striche mit Zinnober Carmin und Weiß untereinander durch, und untermahlt damit alle Schatten, thut auch so viel mehr Weiß unter diese Vermischung, je schwächer diese Schatten, und so viel weniger, je stärker solche sind, auch gar keines, nemlich an gewissen

gewissen Orten, wo man einen Lebenstrich, als z. E. im Augenwinkel, unter der Nasen, an Ohren, Kinn, zu Unterscheidung der Finger, bey allen Gelenken, unten an den Nägeln, und überhaupt allenthalben, da man im Schatten eine Separation und Unterscheid andeuten will, machen muß. Man darf nicht fürchten, daß hierdurch solche Unterscheidung stark und groß genug sey, wie sie endlich bleiben muß; denn wenn man mit Grün darüber arbeitet, so wird das Rothe immerfort geschwächt.

Wenn es nun mit Roth untermahlt ist, macht man blaue gelinde Striche oder Tinten mit Ultramarin, und viel Weiß über die zurückweichenden Theile, das ist, über die Schläfe, unter und oberhalb den Augenwinkeln, zu beyden Seiten des Mundes, oben und unten, ein wenig auf der Mitte der Stirne, zwischen der Nase und den Augen, neben den Wangen, am Halse und an andern Orten, wo die Haut, ich weiß nicht zu sagen wie, etwas blau aussieht. Dergleichen gelbe Tinte oder gelinde Striche macht man auch mit Oker oder Auripigment, und wenig darunter gemengten Zinnober mit Weiß vermischt, über den Augenbraunen, zu beyden Seiten der Nasen unter sich, ein wenig oberhalb den Wangen und andern Theilen, die herauswärts gehen.

Dieser Tinten halber muß man absonderlich die Natur und daß Leben ansehen, damit man solche

solche absehe und merke; denn indem die Mahlerey eine Nachahmung der Natur ist, so bestehet ja die Vollkommenheit derselben allein in der Aehnlichkeit mit dieser, zumal in Contraifaiten.

Wenn demnach das Gesicht solchergestalt angelegt und untermahlt, und besagte gelinde Striche und Tinten gemacht worden, so muß man sich über die Schatten begeben, und mit Punctirung mit Grün fortfahren, und unter solches Grüne nach Unterschied der Regeln, die ich von den Tinten gegeben habe, ein wenig Blau zu den zurückweichenden Theilen, hingegen etwas Gelbes zu den sichtbaren und nahen Theilen darunter nehmen, zu Ausgang der Schatten aber gegen das Licht muß man seine Farbe mit dem Grunde der Carnation dergestalt mit Blau, und denn mit Roth, nach Unterschied der Theile, daran man mahlet, vermengen und confundiren, das manns nicht spüren kan. Wenn dieses Grüne gleich nicht dunkel macht, muß man die Schatten öfters bald mit Roth, bald mit Grün, und allezeit düpfelnd übergehen, bis es aussieht, wie es soll.

Kan man denn mit diesen Farben dem Schatten seine rechte Stärke, die er haben muß, nicht geben, so mache man es am dunkelsten Orte mit gekochten Ofenruß, vermengt mit Operment, Oker oder Zinnober, und bisweilen mit einem allein, nachdem die Colorit, so man machen will, ist, doch gelinde, und daß die Farbe helle sey, aus.

Auf dem Lichte muß man mit einem wenig Zinnober oder Carmin, mit vielem Weiß und ein klein wenig Oker vermischt, punctiren, damit sich solches in Schatten verliehre, und die Tinten eine in der andern unvermerkt absterben, dabey in Acht zu nehmen, daß im Punctiren und Stricheln der Zug nach der Rundung des Fleisches gehe; denn ob man wohl gegen alle Seiten Kreutzlein machet, so muß doch solche Seite ein wenig mehr gesehen werden, weil dadurch alle Theile rund gemacht werden.

Gleichwie aber diese Vermischung eine gar zu rothe Colorit machen dürfte, wenn man sich deren allezeit bediente, also muß man sich auch an allen Theilen bemühen, die Schatten und Tinten mit Blau, ein wenig Grün und viel Weiß, also daß diese Vermischung gar gelind und bleich sey, zu vertreiben. Doch soll man diese Farbe auf die Wangen nicht bringen, noch auf das äusserste Licht, welches auch mit andern Farben unberührt und ganz helle gelassen werden soll, als gewisse Theile am Kinne, an der Nase, Stirne und über den Wangen, welche zusammen dem Kinne, nichts destoweniger, gleichwie auch die Füsse, das Inwendige der Hände, und die Finger und Zähen etwas röther, als das übrige, seyn müssen.

Es ist aber wohl zu merken, daß diese letztere Vermischung so gelind und bleich seyn muß, daß man die Arbeit kaum sehen könne, massen solches nur zur Gelindigkeit des Werkes angesehen, und damit die Tinten vereinbaret, und die Schatten und Striche zerrieben, und mit dem Lichte vermengt werden. Man muß sich auch hüten, daß man mit der rothen Vermischung nicht so viel aus den blauen Tinten, noch mit der blauen auf andern arbeite, sondern immer die Farben wechseln, so bald man meynt, daß es zu roth oder zu blau werden dürfte, bis endlich das Werk seine Vollkommenheit erlanget.

Das Weisse in den Augen schattirt man mit eben dem Blauen und ein wenig Fleischfarbe, die Augenwinkel aber an der Nase macht man mit Zinnober und Weiß, und ein wenig Carmin darunter. Alles dieses wird mit einer Vermischung von Zinnober, Carmin, Weiß und ein wenig Oker gelind gemacht.

Die Augäpfel macht man mit der Vermengung von Ultramarin und ein wenig viel Weiß, darunter auch ein wenig Bistre oder gekochter Ofenruß kommt, wenn selbiger etwas gelblicht, oder ein wenig schwarz, so sie grau sind. Das kleine runde schwarze Kindlein im Auge macht man mit Indig, mit welchem und mit Bistre und Schwarz man auch die Augäpfel schattirt, nachdem sie eine Farbe haben. An beyden Augen macht man um das Kindlein herum ein Anzeigen mit Zinnober allein, dadurch solches mit dem übrigen vereinbart, auch eine gewisse Lebhaftigkeit in das Auge gebracht wird.

Um

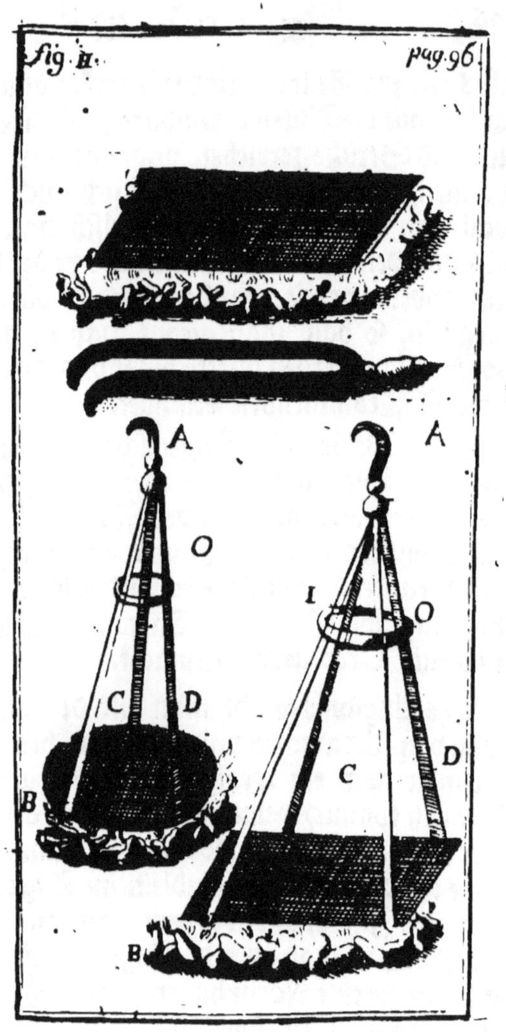

Fig. II.
pag. 96
A
A
O
I
O
C
D
C
D
B
B

Um die Augen herum, nemlich die Wimmern, zumal wenn solche stark sind, und obenher, braucht man Bistre oder gekochten Ofenruß und Carmin, oder Florentiner Lack, welches man hernach mit der Vermischung mit Roth oder Blau gelinder machet, damit sich eins ins andere verliere, und nichts abgeschnitten aussehe.

Wenn dieses alles geschehen, so giebt man einen kleinen weissen Blick auf das Kindlein gegen dem Lichte zu, damit das Auge erst sein Feuer und Leben bekomme.

Man kan auch das Wasser im Auge gegen dem Lichte in etwas erhöhen.

Den Mund legt man an mit Zinnober und Weiß, und macht solchen mit Florentiner Lack, so man auch wie das andere gelind zu machen sehen muß, aus. Sollte aber besagter Lack nicht dunkel genug seyn, mischt man gekochten Ofenruß darunter, so viel nemlich die Ecken zu beyden Seiten und die Absonderung der beyden Lefzen erfordern, zumal bey denen, da der Mund etwas offen ist.

Die Hände und alles übrige von der Carnation macht man auf die Art, wie das Gesicht, doch müssen die Finger vorne etwas mehr roth seyn, als das andere. Wenn nun das ganze Werk punctirt und ebauchirt ist, so muß man alle Abtheilungen oder Separationes mit zarten Strichen von Carmin und Auripigment vermengt, beydes im Schatten und Licht, doch im

Schatten etwas stärker, und daß sie sich in de andern Carnation verlieren, andeuten.

Die Augenbraunen und Bärte ebauchirt man wie die Schatten an der Carnation, und macht mit gekochten Ofenruß, Oker oder Schwarz nachdem sie eine Farbe haben, aus, ziehets mit kleinen Strichlein ein, wie sie im Leben sind das Licht daran erhöht man mit Oker, gekochten Ofenruß, ein wenig Zinnober und viel Weiß.

Was die Haare anbelangt, so macht man den Grund mit gekochten Ofenruß, Oker und Weiß, und ein wenig Zinnober. Sollen sie denn gar dunkelbraun werden, so nimmt man Schwarz statt des Oker; nachgehends ebauchirt man die Schatten mit eben diesen Farben, und thut ein wenig Weiß darunter und macht alles mit gekochten Ruß, oder mit Oker und Schwarz vermengt, mit kleinen uud genau aneinander stehenden Strichlein, die, nachdem die Haare kraus sind, gerollt seyn müssen, aus. Das Licht aber höht man mit kleinen Strichlein von Oker oder Aurlpigment, Weiß und ein wenig Zinnober, auf; ferner macht man, daß sich Licht und Schatten in einander verliere, und arbeitet bald mit der braunen, bald mit der bleichen Farbe.

Die Haare an der Stirne herum, zwischen denen man die Haut sehen kann, die muß man mit der Farbe und auch mit der Carnation ebauchiren, schattiren, und mit umgehen, als wollte man keine machen; hernach formirt und macht man

man solche mit gekochten Ofenruß aus, und erhöhet das Licht, wie bey andern.

Die grauen Haare ebauchirt man mit Weiß, Schwarz und gekochten Ofenruß, machts auch mit eben der Farbe aus, nur daß solche stärker seyn muß, und erhöhet das Licht der Haare, der Augenbraunen und des Bartes mit Weiß und sehr bleichen Blau, nachdem diese zuvor, wie die andere, mit der Fleischfarbe ebauchirt und mit gekochten Ofenruß ausgemacht worden.

Das allervornehmste ist, daß man sein Werk lerne gelind machen, und daß die Dinten eine in die andere zerfliessen, sowol als der Bart, die Haare an der Stirne und Haupt mit der Carnation, und nichts trocken und hart aussehe, daß auch die Züge und die Umrisse der Carnation nicht wie abgeschnitten herauskommen.

Man muß sich auch angewöhnen, daß man die weisse Farbe nicht unter die andere brauche, als nur nach der Maaß, wie solche zur Minderung oder Mehrung des Schattens und Lichtes nöthig ist. Denn die Farbe, damit man das andere mal handelt, soll allezeit ein wenig stärker seyn, als die erste, ausgenommen, was man der Gelindigkeit halber thun muß.

Die unterschiedlichen Coloriten bringt man leicht heraus, nachdem man wenig oder viel Roth, Blau, Gelb oder gekochten Ruß zum Untermahlen oder Ausmachen nimmt. Bey den Weibern sollen sie bläulicht, bey den Kindern ein wenig roth, an beyden frisch und lebhaft, an den Männern, zumal an alten, gelblicht seyn.

Die Todtenfarbe zu machen, legt man erstlich Weiß mit Operment und gar bleichen Oker unter, ebauchirt es anstatt des Carmins mit Zinnober und Lack, und viel Weiß; ferner arbeitet man darüber mit vermengten Grün, darinn mehr blau als andere Farbe, damit bekommt es die rechte blasse Farbe. Die Tinten macht man wie bey andern Coloriten, nur muß mehr Blaues als Gelbes darein kommen, zumal an denen zurückweichenden Theilen, und um die Augen herum, und daß das Gelbe nur an denen Theilen sich finde, die am nächsten fallen, so macht man der gemeinen Art nach bald mit gar gleichen Blau, bald mit Oker und Weiß, und ein wenig Zinnober, daß eines in dem andern abstirbt, und sucht allenthalben die Gelindigkeit. Die Rundung und Umriß macht man mit eben diesen Farben.

Der Mund muß gleichsam ganz Violbraun seyn, doch wird derselbe auch mit ein wenig Zinnober, Oker und Weiß ebauchirt, und mit Lack und Blau ausgemacht. Zu den starken Strichen aber, sowol an dem Munde, als an den Augen, Nasen und Ohren, nimmt man gekochten Ofenruß und Lack.

Will man ein Crucifix oder einen Märtyrer machen, daran man das Blut sehen kann, so muß man, wenn die Carnation fertig ist, dassel-

be

be mit Zinnober untermahlen, und mit Carmin ausmachen, also, daß auf die Blutströpflein ein gewisser heller Blick gesetzt werde, der ihnen die Rundung gebe.

Zu der Dornenkrone macht man einen Grund von Meergrün und Bleygelb, schattirts mit gekochten Ofenruß und Grün, und erhöhts mit Bleygelb.

Das Eisen untermahlt man mit Indig und ein wenig Schwarz und Weiß, mahlts aus mit lauter Indig, und blickts mit Weiß.

Feuer und Flammen zu mahlen, macht man das Licht mit Bleygelb und Auripigment, zum Schatten aber nimmt man Zinnober und Carmin darunter.

Einen Rauch macht man mit Schwarz, Indig und Weiß, auch bisweilen mit gekochten Ruß; dazu kan man thun Zinnober oder Oker, nachdem die Farbe ist, die man nachmachen will.

Zu Perlen macht man einen weissen Grund mit etwas Blau, und schattirts und bringts zur Rundung mit eben dieser Farbe, nur daß man solche ein wenig stärker nimmt. Schier in die Mitten und gegen dem Lichte machet man einen weissen Blick, an der andern Seite aber zwischen dem Schatten und dem Umriß einen Strich von Bleygelb, als eine Reflexion, unter die Perle aber kommt ein kleiner Schatten von der Farbe, darauf dieselbe sind.

Die Diamanten werden ganz schwarz gemacht, und gegen den Tag mit kleinen weissen Stri-

Strichen aufgehöht. Und diese Art gebraucht man bey allen Edelgesteinen, nur daß die Farbe anders ist.

Etwas Güldnes zu machen, macht man einen Grund von Muschelgold, und schattirts mit Pierre de Fiel. Beym Silber gebraucht man auch diese Art, und schattirs mit Indig.

Dies sind nun einige Punkte: das beste Mittel, zur Vollkommenheit zu gelangen, ist, wenn man ein gutes Original copirt, und sich zu Nutze macht. Man muß aber deren viele sehen, bis man zu solchem Effecte gelangt. Ein guter Copist ist besser, als ein schlechter Erfinder. Hauptsächlich muß man die Farbenmischung gut studiren.

Zwischen der Migniatur und dem Mahlen mit Oelfarben ist dieser Unterschied:

Bey dem letztern hat man die Farben von der Palette genommen, wie sie auf der Tafel aussehen, darauf man sie auf einmal bringen kann, also daß man nur ein wenig suchen darf, bis man findet, was diesen oder jenen Schatten oder Licht macht. Allein bey der Migniatur geht solches nicht so an, da öfters die letztere Farbe, so man aufträgt; ihre Farbe nicht behält, sondern von der ersten, auf die man mahlt, eine andere annimmt und davon bekommt, oder vielmehr aus beyden eine dritte Farbe wird, die erst den verlangten Effect thut Daher muß man sehen, wie es gemacht wird, sonst es ohne Unterricht, oder

oder ein Buch nicht einzusehen, wie es gemacht wird. Dies ist die Ursache, warum ich so viel kleine Lehren gegeben, und die Sache so genau, als möglich, zu suchen, mich bemühet habe.

Von Landschaften.

Die unterschiedlichen Eigenschaften der Farben gehen hauptsächlich das Landschaftmahlen am meisten an, denn die Ordnung und Austheilung, die man in derselben macht, thun das meiste, das ein Ding weit und entfernt, oder in der Nähe zu seyn scheinet, und also das Auge betrogen wird.

Die vornehmsten Landschaftmahler haben allezeit das in Acht genommen, daß sie auf die erste Linie ihrer Landschaft diejenigen Farben, die am meisten irrdisch und sichtbar gesetzt, hingegen die leichteste in die Ferne zu gebrauchen verspart.

Nachdem man die Austheilung und Ordnung, wie bey allen Mahlereyen seyn muß, gemacht, so muß man den Vorgrund, wenn solcher braun aussehen soll, mit Saftgrün oder Liliengrün, gekochten Ruß und ein wenig Berggrün, damit die Farbe ein Corpus habe, untermahlen; hernach punctirt man es mit eben dieser Vermischung, doch ein wenig dunkler, dazu man bisweilen ein wenig Schwarz thun kan. Der Grund, worauf das Licht fällt, wird mit Oker und Weiß angelegt, und nachgehends schattirt und ausgemacht mit gedachten Ofenruß; bey etlichen mischt man ein wenig Grün darunter, sonderlich zum Schattiren und Ausmachen.

Bisweilen macht man einen Vorgrund, der ein wenig röthlicht, der wird angelegt mit Braunroth, Weiß und wenig Grün, auch damit ausgemahlt, nur daß ein wenig mehr Grün dazu kommt.

Gras und anderes Laubwerk auf den Vorgrund zu machen, muß man, nachdem solcher ausgemacht ist, mit Meer- oder Berggrün und ein wenig Weiß anlegen; soll es aber gelblicht aussehen, so mische man Bleygelb darunter, schattirt es mit Liliengrün, gekochten Ofenruß, oder Pierre de Fiel, wenn man anders will, daß es ein wenig verdorben aussehe.

Der andere und dritte Grund wird untermahlet mit Berggrün und mit Saftgrün, darunter gekochter Ofenruß genommen, und hier und da einen Strich zu geben, schattirt und ausgemacht. Was noch weiter entlegen ist, das macht man mit Meergrün und ein wenig Blau, und schattirt es mit Berggrün. Endlich ist zu wissen, daß, je weiter ein Grund entfernet ist, je blauer muß derselbe gehalten werden, und das Verschiessen selbst muß von Ultramarin mit Weiß, und hin und wieder einige Tinte von Zinnober darunter, gebrochen werden.

Die Wasser mahlt man mit Indig und Weiß, und schattirt sie mit eben dieser, jedoch etwas stär-

stärkern Farbe. Im Ausmachen aber macht man anstatt des Punctirens lauter Strichlein Wellenweis übereinander, wie bey andern Dingen. An gewissen Orten muß man ein wenig Grün darunter mengen, und das Licht mit ganz Weiß, zumal, wo das Wasser schäumet, aufhöhen.

Die Felsen untermahlet man, wie die steinernen Gebände, ausgenommen, daß man noch ein wenig Grün, besonders zum Schatten, darunter menget. Man macht auch gelbe und blaue Tinten, die sich unter dem andern Gemählde durch das Ausmachen verlieren müssen. Giebt es denn kleine Zweige mit Blättern und Laubwerk, Gemüs oder Gras dabey, so höht man solches, wenn alles fertig, mit Grün und Bleygelb, da man denn einiges Gelb, Röthlicht und Grün darunter, als ob es verdorben wäre, machen kann, wie oben von der Erde zu mahlen erinnert worden. Man punctirt auch die Felsen, wie alles andere, und je weiter dieselben sind, je gräulichter macht man es.

Schlösser, alte Mauren und andere steinerne und hölzerne Gebäude macht man auf die Art, wie an der Architectur bereits gesagt worden ist, Verstehe, wenn sie auf der vordersten Linie stehen, denn wenn sie weit hinweg zu seyn scheinen sollen, so muß man Braunroth mit Zinnober und viel Weissen darunter mengen, und mit dieser Farbe auch gar gelind schattiren. Auch müssen die Unterscheidungsstriche immer gelinder seyn, je weiter sie entlegen. Weil die Dächer gemeiniglich von Schiefer gedeckt, so macht man es ein wenig blauer, als das übrige.

Die Bäume macht man nicht eher, bis die Luft fertig ist, doch wenn selbige einen grossen Platz einnehmen, kann man solche auch leer lassen: sie mögen aber seyn, wie sie wollen, so untermahlet man diejenigen, welche nahe stehen, mit Berggrün, darunter man ein wenig Oker nimmt, und schattirt es mit eben dieser Farbe, mit ein wenig Liliengrün. Zuletzt macht man die Blätter darauf mit Punctiren, nicht aber mit Kreuzlein, sondern länglichten Pünctlein, von einer dunklern und ziemlich satten Farbe, die muß man von der Seiten herführen, da die Zweige herkommen, durch kleine Büschlein von etwas dunklerer Farbe; nachgehends erhöht man das Licht mit Berg- oder Meergrün und Bleygelb, und braucht eben dergleichen Baumschlag oder Blätterwerk. Giebt es denn Zweige oder Blätter, die verdorben sind, so untermahlet mans mit Braunroth, oder Pierre de Fiel und Weiß, und mahlts mit dieser letztern Farbe ohne Weiß, oder mit gekochten Ofenruß, aus.

Die Stämme der Bäume untermahlt man mit Oker, Weiß und ein wenig Grün, wo sie licht sind; zum Schatten aber mengt man ein wenig Schwarz darunter, mit gekochten Ofenruß und Grün, damit man beydes schattiret. So sieht man auch gelb und blaue Tinten daran, und giebt ihm hin und wieder etliche Striche mit

Weiß

Weiß oder Bleygelb, wie man gemeiniglich an den Baumrinden sehen kann. Die Zweige, die man zwischen den Blättern sehen kann, mache man mit Oker, Gelb, Berggrün oder Weiß, oder mit gekochten Ofenruß und Weiß, nachdem sie hell oder dunkel sind; man schattirt es aber mit gekochten Ofenruß und Liliengrün.

Die Bäume, so etwas weit hinaus kommen, untermahlt man mit Berg- und Meergrün, und schattirt es, und mahlts mit eben diesen Farben und ein wenig Liliengrün aus. Sehen einige darunter etwas gelb, so unterlegt man es mit Oker und Weiß, und mahlts mit Pierre de Fiel aus.

Welche Bäume noch weiter entfernet stehen, die untermahle man mit Meergrün, darunter man zum Ausmachen Ultramarin mischt,; das Licht aber höhet man auf mit Bleygelb, und vermittelst kleiner unterschiedner Blättlein. Das allerschwerste im Landschaftsmahlen, und schier in der ganzen Migniatur, ist der Baumschlag, das ist, daß einer hübsche Blätter an den Bäumen machen könne. Solches nun zu lernen, und einen Handgriff dazu zu erlangen, muß man gute Bäume zu copiren sich befleißigen, denn die Manier, solche zu machen, ist etwas ganz besonders, und kann anders nicht, als durch die Uebung begriffen werden, da man denn auch lernen soll, kleine Zweiglein um die Bäume herum zu machen, die auch geblättert werden müssen, über die Luft nud alles hinauf, was dahinter ist.

Vor-

Vor allen Dingen trachte man, daß man die Landschaft schön colorire und naturell mache, denn das ist das Hauptstück und das schönste daran.

Von den Blumen.

Die Blumen sind überaus lustig zu mahlen, nicht allein wegen ihrer schönen Farben, sondern auch, weil sie wenig Zeit und Mühe zu machen brauchen, also ist es mehr eine Lust, als Arbeit: Man verderbt das ganze Gesicht, wenn man ein Auge höher, als das andere, oder eine kleine Nase zu einem grossen Maule und dergleichen machet. Hingegen hat man bey den Blumen solche Unproportion nicht zu befürchten, denn wenn selbige nur nicht gar zu groß, so verderben sie nichts. Es machen sich auch die meisten vornehmen Leute, die Lust zur Mahlerey haben, an das Blumenwerk. Es ist hierbey, wie bey andern Sachen, auf die Natur am meisten zu sehen, deshalb mahle man nach natürlichen Blumen, und suche derselben Tinte zu verschiedenen Farben auf der Palette, so wird eine kleine Uebung solche bald finden lehren. Ich will hier eine und andere anzeigen. In Ermangelung der natürlichen Blumen muß man gute Kupfer nehmen. Man bediene sich dazu der Blumen des Nicolas Guillaume la Fleur, des Reberts und Baptiste.

Eine Hauptregel ist, daß die Blumen gezeichnet und angelegt werden müssen, wie alle andere

andere Figuren. Doch ist die Art, solche zu untermahlen und auszumachen verschieden; denn man untermahlt selbige nur mit grossen Strichen, die man gleich nach der Seite hingehen läßt, dahin die kleine gerichtet werden müssen, mit welchen man eine Blume ausmacht, und dieses Ziehen hilft gar viel. Zum Ausmachen aber zieht man anstat des Strichleins oder Punctirens kleine und zarte Striche nahe aneinander, oder Kreuzlein, und wiederholts und übergehts so lange, bis das Licht und Schatten seine rechte Stärke hat, so man verlanget.

Von den Rosen.

Wenn die rothen Rosen aufgerissen, und mit Carmin und Florentiner Lack umfaßt, wie alle andere Figuren, so legt man selbige ganz bleich von Carmin und Weiß aus, untermahlt nachgehends die Schatten mit eben dieser Farbe, doch daß etwas weniger Weiß darinnen sey, endlich aber Carmin allein, so anfangs ganz helle, und nachgehends, je mehr man arbeitet, und je dunkler die Schatten sind, immer stärker werden muß, und dieses mit grossen Strichen. Endlich macht mans aus mit eben dieser Farbe und kleinen Strichlein, die eben den Schwung haben sollen, wie das Kupfer, oder wie es die Natur von den Rosenblättern selbst an die Hand giebt, da sich denn die Schatten im Lichte verlieren, und das höchste Licht und das Aeusserste an den hellsten Blättern mit Weiß und ein wenig

nig Carmin erhöhet werden muß. Das Herz oder das Innerste der Rosen, und der Schatten muß allezeit dunkler gemacht werden, als das übrige; da man denn zur Schattirung der ersten Blätter ein wenig Indig nehmen kann, insonderheit, wenn die Rosen gar weit offen sind und ein wenig verwelkt aussehen sollen.

Den Buzen untermahlt man mit Gummi Gutte, darunter man zum Schattiren ein wenig Liliengrün mischet.

Die gestreiften oder gesprengten Rosen müssen Anfangs noch bleicher angelegt werden, damit man die Streifen, die man im Schatten mit etwas dunklen, und im Lichte mit gar hellen Carmin durch zughaftes Stricheln machet desto besser sehen kann.

Zu weissen Rosen legt man alles mit Weiß an, und untermahlt und machts aus, wie die rothen; doch nimmt man hierzu Schwarz, Weiß und ein wenig gekochten Ofenruß, die Buzen sind etwas gelber.

Bey dem Gelben macht man den ersten Grund mit Bleygelb, schattirt es mit Gummi Gutte, Pierre de Fiel und gekochten Ofenruß, und erhebt das Licht mit Bleygelb und Weiß. Die Stiele, Knöpfe und Blätter an allen Rosen untermahlt man mit Berggrün, unter welches man ein wenig Bleygelb und Gummi Gutte thut; zum Schattiren mischt man Liliengrün, und wenn die Schatten stark sind, von den andern Farben desto weniger darein.

Di

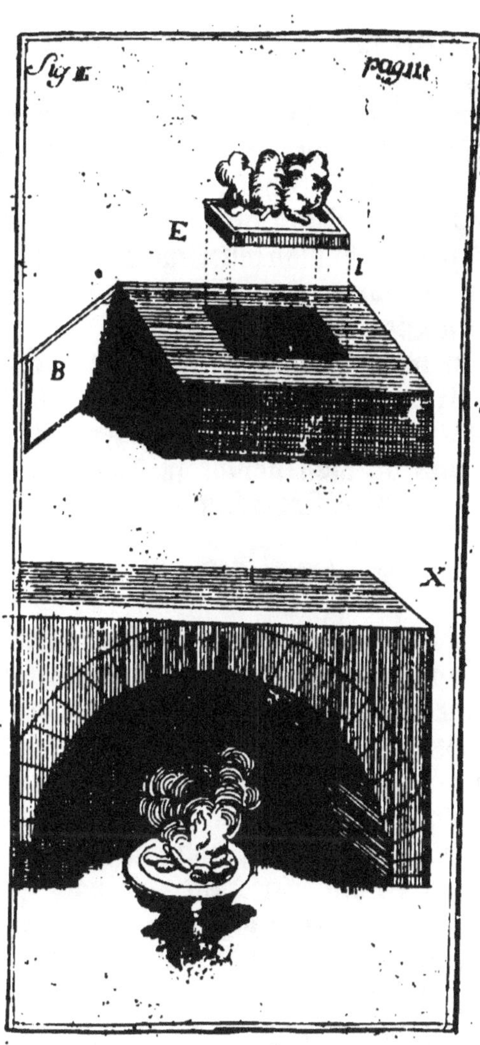
E
I
B
X

Die Blätter müssen aussen herum blauer, als
iwendig seyn, daher untermahlet man es mit
Meergrün, und zum Schattiren nimmt man ein
enig Liliengrün dazu; man machet auch die
dern an solcher Seite heller als inwendig, jene
ber dunkler. Die Dornen an den Stielen
nd Knöpfen macht man mit kleinen Strichlein
on Carmin, welche denn hin und her gehen,
ie an dem Stengel aber untermahlt man mit
Berggrün und Carmin, schattirt es mit Car-
iin und Bistre, oder gekochten Ruß, man macht
uch das Untere am Stengel röthlicher, als das
Obere, das ist, man nimmt zu dem Grünen
as Carmin und Bistre allein.

Von Tulipanen.

Gleichwie die Tulipanen unendlich vielerley
nd, so kann man nicht sagen, mit was für Far-
en selbige gemacht werden müssen: dahero will
h nur von den Schönsten etwas setzen, welches
ie Gestreiften sind, allwo die Streife an etli-
hen Orten mit gar hellen, an andern mit dunk-
rn Carmin untermahlt, und mit eben dieser
Farbe und kleinen Strichlein, die nach dem
Schwunge der Streifen gehen müssen, ausgemacht werden. Bey andern macht man den
sten Grund mit Zinnober, mischt zum andern
Carmin darunter, und mahlt es mit Carmin
llein aus. An etlichen nimmt man anstatt des
Carmins orientalischen Lack auf den Zinnober.

Man

Man macht sie auch mit vermischten Lack und Carmin, und untermahlts mit blossen Lack, oder mit Lack und Weis untereinander, und das beydes mit Colombin oder orientalischen Lack.

Es giebt aber auch veilblaue Tulipanen, die untermahlt man mit Ultramarin und Carmin, oder Lack, bald blauer, bald rother; denn die Art zu machen ist beyden einerley, und bestehet der Unterschied nur in den Farben.

An gewissen Orten, als wie zwischen den Streifen von Zinnober, Carmin oder Lack, muß man bisweilen etwas Blaues von Ultramarin und Weiß, oder gar hellen Veilblau, machen, welches man mit Strichlein, wie das übrige, alles ausmahlet, und es mit und in den Streifen veriieren machet.

Es giebt ihrer auch, welche eine Rehfarbe Tinte haben, die macht man nun mit Lack, gekochten Ofenruß und Oker, nachdem selbige sind. Und dieses ist nur bey raren und ungemeinen Tulipanen.

Den Boden zu schattiren nimmt man gemeiniglich zu denen, die mit Carmin gestreift sind, Indig und Weiß; zu denen mit Lack nimmt man Schwarz und Weiß, darunter man bey etlichen gekochten Ofenruß, bey andern etwas Grünes menget. Man kann es auch schattiren mit Gummi Gutte und Umbra, und das allezeit mit Strichlein, und in dem Zug und Schwunge, wie die Blätter gehen. Sonsten giebt es auch bordirte und eingefaßte Tulipanen, die

die ganz einfärbig sind, ausgenommen, daß sie zuäusserst an den Blättern herum eine Einfassung haben.

Als: bey dem Veilblauen weiß,
bey den Gelben roth,
bey den Weissen roth.

Die Veilblauen legt man mit Ultramarin, Carmin und Weiß an, schattirt es, und mahlts auch mit eben dieser Farbe aus, die Einfassung aber läßt man damit unberührt, und legt gar gelind Weiß darauf, welches man mit sehr hellen Indig schattirt.

Die Gelben untermahlt man mit Gummi Gutte, schattirt es mit eben dieser Farbe, und ein wenig Oker und Umbra, oder gekochten Ofenruß; die Einfassung darunter wird mit Zinnober angelegt, und ein wenig Carmin ausgemacht. Die Rothen legt man an mit Zinnober, und macht es mit eben dieser Farbe, und ein wenig Carmin und Lack darunter, aus. Den Boden und die Einfassung macht man mit Gummi Gutte, dazu zum Ausmachen Pierre de Fiel, Umbra oder gekochter Ruß genommen wird: die Weissen schattirt man mit Schwarz, Blau und Weiß, und dienet hierzu die chinesische Dinte absonderlich wohl, denn man gar gelinde Schatten damit machen kann, und thut selbiges eben den Effect, als ob Weiß und Blau darunter wäre; die Einfassung aber wird mit Carmin gemacht.

Bey allen diesen Tulipanen läßt man in der Mitten der Blätter eine Nerve oder Ader heller, als das übrige; und die Einfassung macht man sich in dem Bogen durch einen gewissen Schwung überquer und mit kleinen Strichlein verlieren, denn solche nicht wie die Streifen abgeschnitten aussehen müssen.

Man macht deren aber auch vielmehr von andern Farben. Bey denen der Boden ein wenig wie schwarz ist, untermahlt und macht man denselben mit Indig aus, ingleichen auch die Buzen und den Stengel darum. Ist der Boden gelb, so untermahlt man ihn mit Gummi Gutte, und thut zum Ausmachen Umbra, oder aber gekochten Ofenruß.

Die grünen Blätter und den Stiel an Tulipanen untermahlt man gemeiniglich mit Meergrün, schattirt es, und machts mit Liliengrün, mit grossen Zügen der Länge der Blätter nach, aus. Man kan aber auch einige mit Berggrün machen, dazu man Bleygelb mischt, die Schatten aber mit Saftgrün, so sehen sie etwas gelblichter.

Von der Anemone.

Deren giebt es unterschiedliche Gattungen, so wol gefüllte, als einfache. Die einfachen sind gemeiniglich ohne Streifen; man macht solche theils Veilblau mit Violet und Weiß, und schattirts mit eben dieser Farbe, bald röther, bald blauer, bald heller, bald dunkler.

An-

Andere untermahlt man mit Lack und Weiß, nachts auch mit eben dieser Farbe, ohne daß man etwas weniger nimmt, etliche aber gar ohne Weiß aus. Wieder andere legt man an mit Zinnober, schattirt es auch damit, und ein wenig Carmin darunter. Man sieht auch weiße und Citronfarbe, welche letztere mit Bleygelb angelegt, beyde aber theils mit Zinnober, theils mit sehr dunklen Lack, zumal bey dem Büzen und am Boden, der bisweilen schwarz ist, und mit Indig, oder Schwarz und Weiß, oder bisweilen ein wenig gekochten Ofenruß, herausgebrochen wird, schattirt und ausgemacht werden, darzu gar zarte Strichlein gehören, wobey sich das Dunkle und Helle in einander verlieren muß. Bey einigen ist der Boden heller, als das andere, oft gar weiß, obgleich das übrige der Blume dunkel ist.

Der Büzen an allen Anemonen wird mit Indig und Schwarz, und ein klein wenig Weiß, gemacht, mit Indig allein schattirt, bey etlichen aber höht mans mit Bleygelb auf.

Die gefüllten Anemonen sind von unterschiedlichen Farben. An den allerschönsten sind die grossen Blätter gestreift, welche Streifen theils mit Zinnober, dazu man zum Ausmachen Carmin gemischt, gemacht: das übrige der Blätter wird mit Indig schattirt, die innere kleine aber legt man ganz mit Zinnober und Weiß an, und schattirt es mit Zinnober und Carmin vermischt; machts hier und dar etwas stärker, zumal

mal bey dem Herzen und nahe bey den grossen Blättern, die im Schatten sind; man machts aus mit Carmin, kleinen Strichlein, nachdem die Streifen und Blätter ihren Schwung haben.

Bey andern untermahlt und macht man die Streifen und kleinen Blätter aus mit lauter Carmin, doch daß man in der Mitte der kleinen Blätter ein klein rundes Plätzlein übrig läßt, darauf man Violet trägt, und es mit dem übrigen sich verlieren macht; und wenn alles ausgemacht ist, so giebt man mit eben dieser Farbe um die kleinen Blättlein herum, zumal an der schartigten Seite, einen Strich, und macht dieselbe unter den grossen (die mit Indig oder Schwarz schattirt werden) verlieren.

Bey einigen macht man die kleinen Blätter mit Lack oder Violet, obgleich die Streife in den grossen von Carmin sind.

Fernet giebt es andere, da die Streifen mit Carmin durch die meisten grossen Blätter mitten durch gemacht werden, und an etlichen Orten Zinnober darunter kommt, welche Farben sich mit dem Schatten am Boden, so von Indig und Weiß gemacht wird, verlieren müssen. Die kleinen Blättlein legt man an mit Bleygelb, und schattirt es an der dunkeln Seite mit sehr dunkeln, an der hellen aber mit sehr hellen Carmin, so daß man gleichsam das Bleygelbe rein lässet, und nur ein und andern Strich mit Carmin und Auripigment um die Blätter zu unterscheiden giebet, welche man denn bis-

wei

weilen mit einem ganz gleichen Grün schattiren kan.

Auch hat man gefüllte Anemonen, die ganz roth oder ganz violet sind. Die erste legt man an mit Zinnober und Carmin, fast gar ohne Weiß, und schattirt es mit Carmin allein, dazu viel Gummi genommen werden muß, damit es desto dunkler werde.

Die Violetfarbe aber legt man an mit Violet und Weiß, und machts ohne Weiß mit ihrer Farbe aus.

Endlich so giebt es der gefüllten, wie der einfachen, von allerhand Farben, und werden auf eben diese Art gemacht.

Das Grüne an allen ist Berggrün, unter welches man zum Ausmahlen Bleygelb mischet. Man schattirts und machts aus mit Saftgrün; die Stiele daran sind etwas röthlicht, daher man sie mit Carmin, mit gekochten Ofenruß, bisweilen auch grün vermengt, schattirt, nachdem sie vorher mit Bleygelb angelegt worden.

Von allerhand Nägelein oder Nelken.

Mit diesen hat es eine Bewandniß wie mit den Tulipanen und Anemonen, nemlich es giebt deren gestreifte und einfärbigte.

Die gestreiften streift man entweder mit Zinnober und Carmin, oder mit Lack und Carmin, oder mit blossem Lack und Weiß; auch sind einige gar dunkel, andere bleich, etliche sind groß, andere aber klein gestreift.

Den Boden schattirt man gemeiniglich mit Indig und Weiß.

Die Fleischfarben sind gemeiniglich an sich selbst gar bleich, und haben etwas stärkere Streife von eben dieser Farbe; die macht man mit Zinnober und Lack.

Andere macht man mit Lack und Weiß, die schattirt und streift man ohne Weiß.

Wieder andere ganz rothe macht man mit Zinnober und Carmin, so dunkel, als mans haben kann.

Andere mit lauter Lack.

Und endlich viele andere mehr, nachdem solche die Natur oder die Phantasie an die Hand giebt.

Das Grüne an allen ist Meergrün, mit Liliengrün schattirt.

Von Martagon oder Goldwurz.

Das lege man an mit Mini, untermahle es mit Zinnober, und wo der Schatten am stärksten ist, mit Carmin, mit welcher Farbe es auch durch Strichlein, die dem Schwung der Blätter gleich sind, nachgehends ausgemacht wird. Das Licht daran aber höht man auf mit Mini und Weiß; der Buzen aber wird Carmin gemacht. Das Grüne ist Berggrün, mit Liliengrün schattirt.

Vom türkischen Bund.

Deren sind dreyerley Gattungen;

Röthliche Gridelin,
Bleich Gridelin,
und ganz weisse.

Die erste Gattung legt man an mit Lack und Weiß, schattirt es, und mahlts mit eben dieser Farbe, doch etwas stärker, aus, und mischts, damit solche ein wenig gebrochen oder getödtet werde, zumal an dunkeln Orten etwas Schwarz darunter.

Die andere Gattung wird mit Weiß und gar wenig Lack und Zinnober, so daß man diese letztern zwo Farben fast gar nicht sieht, angelegt; nachgehends schattirt man es mit Schwarz und ein wenig Lack, so daß die Blätter gegen dem Herz und Stengel röhtlicher werden: der Stengel aber und Buzen sind von eben dieser Farbe, zumal in der Höhe, unten aber sind sie etwas grünlicht.

Das Stielgen am Buzen wird mit Bleygelb angelegt, und mit Saftgrün schattirt. Die dritte Gattung wird mit Weiß angelegt, und mit Schwarz und Weiß schattirt und ausgemacht.

Der Stengel bey dieser letztern Gattung, und das Grüne bey allen wird mit Meergrün gemacht, und mit Liliengrün schattirt.

Von Hyacinthen.

Deren giebt es vielerley Gattung:
Dunkelblau,
Etwas lichtblau,
Gris de lin, und
Weisse.

Die erste Gattung legt man an mit Ultramarin und Weiß, mit dem mans auch, doch weniger Weiß, schattirt und ausmacht.

Die andere Gattung legt man an mit Bleichblau, womit sie auch schattirt werden.

Die Gris de lin Farbe legt man mit Lack und Weiß, und gar wenig Ultramarin, und werden mit eben dieser Farbe, doch etwas stärker, ausgemacht

Die letztere aber legt man ganz weiß an, und schattirts mit Schwarz und ein wenig Weiß; womit mans auch durch Striche, die dem Schwung der Blätter nachgehen, ausmachet.

Das Grüne und der Stengel an den Blauen wird mit Meergrün und sehr dunkeln Liliengrün gemacht, und kan man zu den Stiel auch etwas Carmin nehmen, damit es röthlicht werde Bey der andern Gattung wird der Stengel und das Grüne mit Berggrün und Bleygelb angelegt, und mit Saftgrün schattirt.

Von den Pöonienrosen.

Diese legt man ganz mit orientalischen Lack und Weiß an, so ziemlich stark seyn muß; nachgehends schattirt mans mit wenigen Weiß, und wo es am dunkelsten ist, nimmt man gar kein Weiß dazu. Endlich macht man mit eben dieser Farbe, durch Striche in die Runde, wie bey den Rosen, aus. es muß aber die Farbe zum Schatten ziemlich Gummi haben, das Licht und Aeußerste der Blätter aber wird mit Weiß und

ein

ein wenig Lack gehöht. Man macht auch kleine Aederlein, die gestrichelt werden, und ziemlich sichtbar seyn sollen.

Das Grüne an dieser Blume ist Meergrün, und mit Liliengrün schattirt.

Von der Primula Veris oder Schlüsselblumen.

Diese sind von 4 oder 5 Farben:

Bleich Violet,
Gris de lin,
Weiß und
Gelb,

Die Veilblaue macht man mit Ultramarin, Carmin und Weiß; zum Schattiren aber nimmt man des Weissen etwas weniger.

Die Gris de lin legt man mit Colombinlack, gar wenig Ultramarin und vielen Weiß an, und schattirt es mit dieser Farbe, doch etwas stärker.

Die Weissen legt man mit Weiß an, schattirt es mit Schwarz und Weiß, und machts mit Strichlein aus, wie die andere.

Das Herz von diesen dreyen Gattungen macht man mit Bleygelb, wie ein Sternlein, so man mit Gummi Gutte schattirt, und in der Mitten muß etwas Rundes von Saftgrün seyn.

Die Gelbe legt man an mit Bleygelb, und schattirt es mit Gummi Gutte und Umbra. Die Stiele, grünen Blätter und Knöpfe untermahlt man mit Berggrün, darunter ein wenig Bleygelb gemischt wird, mahlts aber aus mit Liliengrün,

grün, mit welcher Farbe auch die Rieblein und Aderlein, so man auf den Blättern sieht, angezeigt werden, da man denn die Grösse derselben mit Bleygelb aufhöht.

Von Ranunkeln.

Deren sind auch vielerley Gattungen. Für die schönste aber hält man die sogenannte Pavonaceam und die Pommeranzenfarbe. Die erste legt man an mit Zinnober und gar wenig Gummi Gutte, dazu man zum Schattiren ein wenig Carmin thut, mit welcher letztern Farbe, und ein wenig Pierre de Fiel, sie endlich ausgemacht werden; auch nimmt man bisweilen anstatt des Carmins orientalischen Lack, vornemlich bey den Herzen.

Die Pommeranzenfarbe legt man an mit Gummi Gutte, und mahlts aus mit Pierre de Fiel, Zinnober und ein wenig Carmin, und läßt kleine gelbe Streifen.

Das Grüne am Stengel ist Berggrün, und gar bleich Bleygelb, darunter man zum Schattiren Liliengrün mischt.

Die Blätter aber sind etwas dunkler.

Vom Croco, oder wilden Saffran.

Dessen giebt es zweyerley:

Gelb und

Violet.

Die Gelben untermahlt man mit Bleygelb und Pierre de Fiel, schattirt es mit Gummi Gut-

Gutte und Pierre de Fiel, hernach macht man auf jedes Blatt von aussen drey absonderlich lange Strahlen mit gekochten Ofenruß und blassen Lack, die sich an dem Boden durch kleine Strichlein verliehren müssen; das Innerste der Blätter aber läßt man ganz gelb.

Die Veilblaue legt man an mit Carmin, mit ein wenig Ultramarin und Weiß, ganz bleich vermengt, und untermahlts und machts mit etwas wenigen Weiß aus; man macht auch an etlichen dunkle veilblaue Strahlen oder Streifen, wie bey den Gelben; an andern aber nichts als kleine Aederlein.

Der Buzen ist an allen gelb, und wird mit Operment und Pierre de Fiel gemahlt, zum Stiel aber macht man einen Grund von Weiß, und schattirt mit Schwarz und ein wenig Grün darein.

Das Grüne von dieser Blume untermahlt man mit sehr bleichen Berggrün: und schattirt es mit Saftgrün.

Von der Iris, oder Lilien allerley Art.

Bey der Iris persica legt man die Blätter weiß an, und schattirts mit Indig; mit Grün vermischt, doch läßt man in der Mitte eines jeden Blattes einen kleinen weissen Unterschied, bey den äussern aber macht man an eben diesen Ort eine Anlage von Bleygelb, so man mit Pierre de Fiel und Auripigment schattirt, und macht kleine lännlichte Puncte über das ganze Blatt,

so

so etwas weit von einander stehen müssen; aber zu äusserst eines jeden Blattes macht man an theils grosse braune Flecken von gekochten Ofenruß und Lack, an andern aber von lautern Indig, aber gar schwarz; das übrige und den äussern Theil der Blätter schattirt man mit Schwarz. Das Grüne wird untermahlt mit Meergrün, und sehr bleichen Bleygelb, und schattirt es mit Saftgrün.

Die Iris de Suze, oder schwarze Lilie, legt man an mit Violet und Weiß, darunter ein wenig mehr Carmin als Ultramarin kommt, und zum Schattiren, zumal an den mittlern Blättern, nimmt man weniger Weiß, hingegen mehr Ultramarin als Carmin, mit welcher Farbe man auch die Adern macht, und läßt in der Mitte der innern Blätter eine kleine gelbe Nerve.

Es giebt ihrer auch andere, welche dergleichen Nerve an den ersten Blättern haben, davon das äusserste Ende allein blauer ist, als das übrige.

Andere schattirt und mahlt man aus mit eben dergleichen Violet, aber etwas röther, und haben solche besagte Nerve in der Mitte der äussern Blätter, jedoch ist solches weiß, und wird mit Indig schattirt.

Einige dieser Blumen sind gelb, welche denn mit Auripigment und Bleygelb angelegt, mit Pierre de Fiel schattirt, und mit Adern von gekochten Ofenruß darüber ausgemahlt werden.

Das

Das Grüne bey allen ist Meergrün, welches zu den Stielen mit Bleygelb vermengt und mit Saftgrün schattirt wird.

Von Jasmin.

Dieser wird mit Weiß angelegt, so man mit Schwarz und Weiß schattirt: zum äussern aber an den Blättern thut man ein wenig gekochten Ofenruß darunter, und macht an einem jeden daran die Hälfte etwas röthlicht von Carmin.

Von der Tuberosa.

Diese legt man mit Weiß an, und schattirt mit Schwarz, und an etlichen Orten mit ein wenig gekochten Ofenruß darunter, damit sie, zumal zu äusserst, etwas röthlicht werden.

Der Buzen wird von Bleygelb gemacht, und und mit Saftgrün schattirt

Das Grüne aber legt man mit Berggrün an, und schattirt es mit Liliengrün.

Vom Helleboro, oder Christwurz.

Diese Blume wird fast auf eben diese Art gemacht, das ist, mit Weiß angelegt, mit Schwarz und Weiß und Bistre schattirt, und die Blätter von aussen hier und da etwas röthlicht gemacht.

Den Buzen untermahlt man mit Dunkelgrün, und erhöht ihn mit Bleygelb.

Das Grüne ist heßlich, und wird untermahlt mit Berggrün, Bleygelb nnd gekochten Ruß, endlich aber mit gekochten Ofenruß und Liliengrün ausgemacht.

Von weissen Lilien.

Diese legt man Weiß an, und schattirt sie mit Schwarz und Weiß.

Der Buzen wird mit Auripigment und Pierre de Fiel gemacht.

Das Grüne ist wie an der Tuberose.

Von der Perce neige, oder Schneetröpflein, Storchblümlein.

Diese werden angelegt und ausgemacht, wie die Lilien. Den Buzen legt man an mit Bleygelb, und schattirt ihn mit Pierre de Fiel.

Das Grüne ist Meer- und Liliengrün.

Von Jonquillen.

Diese legt man an mit Bleygelb und Pierre de Fiel; und mahlts mit Gummi Gutte und Pierre de Fiel aus.

Das Grüne untermahlt man mit Meergrün, und schattirt es mit Liliengrün.

Von Narcissen.

Alle gelbe Narcissen, doppelte und einfache, werden mit Bleygelb angelegt, mit Gummi Gutte untermahlt, dazu man im Ausmachen Umbra und gekochten Ofenruß nimmt, ausgenommen die Glocke in der Mitten, die macht man mit Operment und Pierre de Fiel; und faßt es mit Zinnober und Carmin ein. Die weissen legt man weiß an, und schattirt es mit Schwarz und Weiß, ausgenommen die Glocke, die macht man mit Bleygelb und Gummi Gutte aus.

Das Grüne ist Meergrün, mit Liliengrün schattirt.

Von

Von Souci oder Ringelblumen.

Dazu gehört eine Anlage von Bleygelb, darauf trägt man Gummi Gutte, und schattirt es mit eben dieser Farbe, nur daß man ein wenig Zinnober darunter mischt. Zum Ausmachen thut man auch Pierre de Fiel und Carmin.

Von indianischen Rosen.

Eine indianische Rose zu machen, macht man eine Anlage von Bleygelb, trägt Gummi Gutte darauf, und nimmt zum Untermahlen Pierre de Fiel darunter. Mit dieser letzten Farbe, dazu man auch gekochten Ofenruß nimmt, und zu den stärksten Schatten auch gar ein wenig Carmin mahlt man sie endlich gar aus.

Von indianischen Ocilleten, oder den gelben Nosten.

Zu diesen macht man eine Anlage von Gummi Gutte, und schattirt es mit eben dieser Farbe, darein ziemlich viel Carmin und ein wenig Pierre de Fiel gemengt werden, läßt aber um den Rand der Blätter eine kleine gelbe Einfassung von Gummi Gutte, so an dem Licht gar helle, und am Schatten etwas dunkler seyn muß. Den Buzen schattirt man mit gekochten Ofenruß.

Das Grüne, sowol an den indianischen Rosen, als an dieser Blume, wird mit Berggrün untermahlt und mit Iris ausgemacht.

Von der Sonnenblume.

Diese wird untermahlt mit Bleygelb und Gum-

Gummi Gutte, und mit Pierre de Fiel und gekochten Ofenruß ausgemahlt.

Das Grüne legt man an mit Berggrün und Bleygelb, und schattirt es mit Saftgrün.

Von der Passerose, oder Granadillia, Paßionsblume.

Diese macht man wie die Rose und das Grüne an den Blättern gleichfalls also, nur macht man die Adern daran von einem dunklern Grün.

Von den Oeillets de Poete und den mignaraisen Carthäuserlein.

Zu diesem macht man eine Anlage von Lack und Weiß, und schattirt es mit blossen Lack und wenig Carmin zu den hintersten; die punctirt man nachgehends über und über mit kleinen runden und von einander gesonderten Püncklein, und erhöht die kleinen Fäserlein, so in der Mitte sind, mit Weiß.

Das Grüne ist Meergrün und wird mit Liliengrün ausgemahlt.

Von der Scabiosa.

Es giebt zweyerley Art, roth und Veilblau, zu der ersten Gattung legt man die Blätter mit orientalischen Lack an, darunter man ein wenig Weiß nimmt, und schattirt es mit Lack, gar ohne Weiß, in der Mitte aber, so ein grosser Knopf ist, darin der Buzen steckt, wird es mit blossen Lack untermahlt und ausgemacht, doch thut man auch ein klein wenig Ultramarin oder Indig darunter, damit es dunkler werde; nachgehends

hends macht man kleine länglichte weisse Düpflein darüber, die ziemlich voneinander stehen, an dem Licht heller, als am Schattigten sind, und auf allen Seiten hingehen müssen.

Die andere Gattung legt man mit einer sehr bleichen Violetfarbe an, sowol an den Blättern, als in der Mitten am Knopf, und schattirt beydes mit eben dieser, doch etwas stärkern Farbe, und anstatt der kleinen weissen Pünctlein zum Buzen, macht man solche Violetfarbe, und zieht um ein jedes ein Ringlein herum, und das auf dem ganzen Knopf.

Das Grüne untermahlt man mit Berggrün, Bleygelb, und schattirt es mit Liliengrün.

Von Gladiolis, oder Schwerdtlilien.

Diese legt man mit Columbinlack und gar bleichen Weiß an, untermahlts und machts aus an theils Orten mit lauter sehr lichten Lack, an andern aber mit etwas dunklern, dazu man, wo der Schatten stark ist, gar gekochten Ofenruß darunter nimmt.

Das Grüne ist Berggrün, mit Liliengrün schattirt.

Von der Hepatica, oder Leberkraut.

Es giebt eine rothe und blaue; zu der letzten macht man eine Anlage von Ultramarin und Weiß, und ein wenig Carmin und Lack, schattirt das Innere der Blätter mit eben dieser, doch etwas stärkern Farbe, ausgenommen die Blätter der ersten Reihe, zu welchen und den äussern Theilen an allen man ein wenig Indig und Weiß darunter mischt, damit solche Farbe bleicher und nicht so schön sey.

Das Rothe wird angelegt mit Columbinlack, und gar bleichen Weiß; und mit etwas weniger Weiß ausgemacht

Das Grüne wird mit Berggrün, Bleygelb und ein wenig gekochten Ofenruß gemacht, und mit Liliengrün und ein wenig gekochten Ofenruß, zumal außen an den Blättern, schattirt.

Granathenblüthe.

Diese legt man an mit Mini, schattirt es mit Zinnober und Carmin, und wird mit dieser letztern Farbe ausgemahlt.

Das Grüne legt man an mit Berggrün und Bleygelb, und schattirt es mit Liliengrün.

Indianische Bohnenblüthe.

Diese legt man an mit orientalischen Lack und Weiß, schattirt die mittlern Blätter mit Lack allein, die andern aber mit Lack und ein wenig Ultramarin.

Das Grüne ist Berggrün, mit Liliengrün schattirt,

Ancolie.

Man hat deren von verschiedner Farbe; die gemeinsten sind:

Violet,
Gris de lin,
Roth.

Die

Die erste legt man an mit Ultramarin, Carmin und Weiß, und mahlts auch mit dieser Vermischung, doch etwas stärker, aus.

Die andere macht man eben so, nur nimmt man viel weniger Ultramarin, als Carmin.

Zu den rothen nimmt man Lack und Weiß, und zum Ausmachen braucht man weniger Weiß. Es giebt deren auch gestreifte von etlichen Farben, die unterlegt und macht man aus, wie die andern, nur etwas bleicher, uud macht die Streifen mit etwas stärkerer und dunklerer Farbe.

Von Pied d' Alouette, oder Rittersporn.

Deren giebt es auch von unterschiedlichen Farben und gestreifte; die gemeinsten aber sind:

Violet,
Gr.s de lin, und
Roth.

Sie werden gemacht, wie die vorhergehenden Blumen.

Von Violen, Pensées oder Dreyfaltigkeitsblumen.

Es ist mit diesen beyden ein Ding, ausgenommen daß bey den letztern die zwey mittlern Blätter blauer sind, als die andern, versteht sich das Aeusserste, denn das Innerste von diesen ist gelb; darauf macht man kleine schwarze Aederlein, so aus dem Herzen herauskommen, und sich gegen der Mitten verlieren.

Von der Mussipula.

Deren findet man zweyerley Gattung, weisse und rothe, Diese legt man an mit Lack und Weiß, und mit ein wenig Zinnober, und mahlt es aus mit blossen Lack. Was die Knöpfe anbetrift, nemlich der Schlott der Blätter, die untermahlt man mit Weiß und gar wenig Zinnober, darunter man zum Ausmachen gekochten Ofenruß oder Pierre de Fiel thut.

Die Blätter zu den weissen legt man an mit Weiß, dazu man gekochten Ofenruß und Bleygelb über die Knöpfe, die mit gekochten Ofenruß allein schattirt werden, nimmt, die Blätter aber schattirt man mit Schwarz und Weiß.

Das Grüne an allen diesen Blumen macht man mit Berggrün und Bleygelb, und schattirt es mit Liliengrün.

Von der Kayser- oder Königskrone.

Man hat sie von zweyerley Farbe, die gelbe und die rothe, oder Pommeranzenfarbe. Will man die erste machen, so macht man einen Grund von Auripigment, und schattirt es mit Pierre de Fiel, und Auripigment und ein wenig Zinnober.

Die andern legt man an mit Auripigment und Zinnober, schattirt es mit Pierre de Fiel und Zinnober, und macht den Anfang der Blätter von Lack und gekochten Ofenrus, wohl dunkel, und auf ein und das andere auch mit dieser Vermischung der Länge nach Adern.

Das

Das Grüne macht man mit Berggrün und Bleygelb, und schattirt es mit Liliengrün und Gummi Gutte.

Von Cyclamen oder Schweinsbrod.

Das Rothe legt man an mit Carmin ein wenig Ultramarin und viel Weiß, und mahlt es auch mit dieser Farbe, doch in etwas stärker, aus. In die Mitte der Blätter, nahe bey dem Herzen, trägt man fast das Carmin allein auf, im übrigen aber nimmt man ein wenig mehr Ultramarin dazu.

Die andern legt man mit Weiß an, und schattirt es mit Schwarz.

Die Stengel müssen bey beyden etwas röthlicht seyn.

Das Grüne aber ist von Berggrün und Liliengrün.

Von Gerofle oder Veil.

Veile giebt es eine grosse Menge, als:

Rothe,
Gelbe,
Veilbraune,
Weisse,
Roth und mit allerhand Streifen.

Die weissen legt man an mit Weiß, schattirt es mit Schwarz, und ein wenig Indig zu dem Innern bey dem Herzen der Blättlein.

Die gelben mit Bleygelb, Gummi Gutte und Pierre de Fiel.

Die violetten untermahlt man mit Violet und Weiß, und macht mit weniger Weiß aus, also daß die Farbe bey dem Herzen heller und ein wenig gelblicht gemacht wird.

Die rothen mit Lack und Weiß, und mit Weiß ausgemahlt.

Die gestreiften legt man an mit Weiß und macht die Streifen entweder mit Violet darin viel Ultramarin, oder mit mehr Carmin, oder mit Lack, oder mit Carmin, theils mit Weiß, theils ohne Weiß, und schattirt das übrige an Blättern mit Indig.

Der Buzen wird bey allen untermahlt mit Berggrün und Bleygelb, und mit Liliengrün ausgemacht.

Die Blätter und Stiele werden mit eben dieser Farbe angelegt, dazu man Liliengrün zum Ausmachen menget.

Es sind der Blumen kein Ende, man muß sich bey den übrigen nach der Natur richten, wozu diese kleine Anleitung zu weitern Nachdenken Anlaß giebt.

Die Früchte, Fische, Schlangen und andere kriechende Thiere müssen wie die Bilder gemacht, das ist, gestrichelt oder punctirt werden.

Die Vögel und andere Thiere werden durch Strichlein, wie die Blumen, gemacht.

Zu eben diesen Dingen muß man niemals cöllnisch oder gemein Bleyweiß gebrauchen, weil solches nur mit dem Oel gut thut, denn wenns mit Gummi angemacht wird, wird es schwarz,

wie

wie die Tinte, zumal, wenn ein solch Gemälde an einen feuchten Ort, oder bey wohlriechenden Sachen, steht. Die venedische Ceruse, oder Schulpweiß, ist eben so zart und eben so weiß; dieses darf man nicht sparen, vornemlich im Untermahlen, und muß man damit alle Farben brechen, damit ein recht Corpus werde, dadurch denn das Werk ein Herz bekommt, auch kräftig und gelinde aussieht.

Gleichwol ist der Geschmack der Mahler in diesem Stück verschieden: etliche brauchen dasselbe wenig, andere gar nicht; allein dieser ihre Art kommt mager und trocken heraus. Einige brauchens gar viel, und dies ist die beste und gebräuchlichste Art unter den rechten Künstlern; denn sie geht nicht allein hurtig von statten, sondern man kan auch, wenn man sich deren bedienet, (welches auf andere Weise fast unmöglich ist,) alle Gemälde nachmachen, was auch gleich einer oder der andere hierwider einwenden möge, als ob man durch die Migniatur die Force und die unterschiedliche Tinte, so man an mit Oelfarbe gemachten Stücken siehet, nicht herausbringen könnte, denn das ist falsch, vornemlich bey guten Künstlern. Man sieht auch Bilder, Landschaften und alles andere in der Migniatur so edel und so natürlich gemacht, ob es gleich viel zärter ist, als mit Oelfarben.

So viel ist richtig, die Mahlerey mit Oelfarben gebraucht weniger Zeit, und ist auch viel älter.

Allein die Migniatur ist viel reinlicher und bequemer, und man kan alles, was man dazu braucht, bey sich tragen. Man kan überall, ohne grosse Zurüstung, arbeiten; man kan aufhören und anfangen, wenn man will, welches alles bey der Oelfarbe nicht ist, da man niemals auf das Trockneste arbeiten darf.

Es kommt aber darinn an, daß man in derjenigen Art, darinn man arbeitet, excellirt.

Die Vortreflichkeit in der Mahlerey besteht nicht in der Vortreflichkeit des Dinges, das man mahlt, sondern an der Art, wie man etwas mahlt, Man suche also sein Talent, und excolire es.

Ich ermahne alle Liebhaber der Mahlerey, daß sie wohl zeichnen lernen, und gute Originalien gegenau copiren, und, mit einem Worte, durch die ordentlichen Stuffen zur Vollkommenheit zu steigen suchen. Die Theorie ist ohne die Praxis nichts, und die Praxis ohne Theorie ist eine blinde Lection, die uns in die Irre führt.

Eines vornehmen italienischen Mahlers geheimes Kunststück, das Carmin oder Florentinerlack und Ultramarin zu machen.

Es ist keine sicherere und leichtere Manier, diese Farben zu machen, als nachfolgende, und bekommen dieselben einen solchen Glanz und so schöne Lebhaftigkeit, daß es nicht zu sagen; sie ändern sich auch nicht, und kommen so wohlfeil, daß

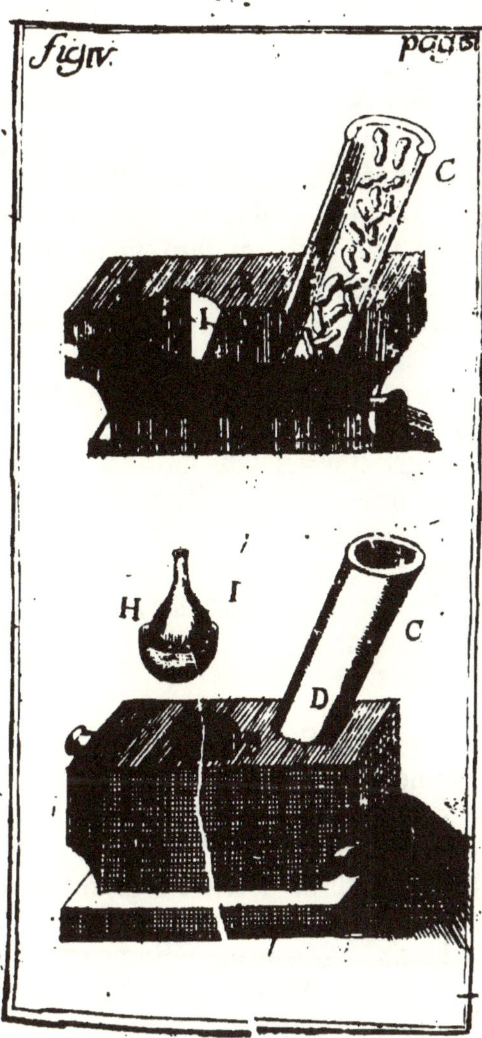

fig IV.
pag
C
I
H
I
C
D

daß einer um einen Ducaten so viel bekommt, als er in Florenz um sieben oder acht kaum haben kan.

Florentiner Lack zu machen.

Nehmet ein Pfund guten Brasil von Fernambuc, so schön Goldfarbe sey. lasset solche 3 oder 4 Tage in einem Becher mit weissen Weineßig weichen; und nachdem ihrs in einem Mörsel wohl zerstossen, so lasset es eine halbe Stunde sieden, zwingt es durch eine starke Leinwand und thuts wieder über das Feuer. Nun müßt ihr ein anderes kleines Geschirr haben, darinn ihr 8 Unzen Alaun in weissen Weineßig einmachet, welchen geweichten Alaun ihr unter jenen Liquor schütten' und mit einem Spatel wohl unter einander rühren sollt. Der Schaum nun, der sich dadurch ereignet, ist euer Florentiner Lack, und müßt ihr denselben abnehmen und trocknen lassen. Man kan auch anstatt der Brasil Cochenill nehmen.

Ultramarin zu machen.

Nehmet 10 Unzen Leinöl, thut solches in eine irdne Schüssel, dazu 7 oder 8 Tropfen gemeines Wasser, setzt solche übers Feuer, bis es anfängt zu wallen, alsdenn werft ein Pfund Jungferwachs, so in gar kleine Bröcklein zerbrochen seyn muß, hinein. Wenn das Wachs zerschmolzen, so thut auch ein Pfund griechisch Pech dazu: mischet ferner 4 Unzen gepulverten Mastix, der

aber

aber zuvor in einem besondern Geschirr muß zerlassen werden, zusamt 2 Unzen Terpentin darin, und lasset alles eine Stunde lang kochen: nachgehends lasset etwas von dieser Materie in kaltes Wasser fallen, und wenn solche weich ist, wie Butter, so ists genug gekocht. Sollten sich ab aber dennoch kleine Knollen darinn finden, so ists eine Anzeige, daß der Mastix nicht genug zergangen, und muß man es nochmals über das Feuer thun. Wenn nun alles gekocht, so thut von dem Lapis iu einen Schmelztiegel auf das Feuer, bis alles feuerroth wird, und werft es nochmals in weissen Weineßig, so zieht er den Eßig an sich, bis er in kleine Stücklein zerspringt. Diese Stücklein zerreibt man ferner zu Pulver, und sodann incorporirt oder mengt man dieses Pulver mit ein wenig von besagter Materie, davon man so wenig nimmt, als möglich, und behält diese Massam 14 Tage; nachgehends richtet man zu Ende des Tisches ein Bret hängend auf, und stellt unten daran ein rein gläsern Geschirre, (es ist aber gut, wenn das Bret einen Strich oder Rinnelein hat) und legt die blaue Massam oben an über die besagte Rinne, höher darüber aber ein Geschirr mit Wasser, worauf es auf die Massam tröpfeln könne, dabey man mit einem saubern glatten Hölzgen helfen muß, daß das Wasser den Teig aufweiche, indem man gar gelind solchen aufrührt. Das erste Azur oder Blaue nun, das tropfenweise herunter fließt ist das schönste: kommt ein schlechteres, so

setzt

setzt man ein anderes Geschirr unter zu der andern Gattung, nach welchem noch ein Drittes kommt, so auch noch zu gebrauchen. Endlich läßt man diese dreyerley Blau trocknen, und hebt ein jedes in einem weiß ledernen Säcklein besonders auf.

Andere Manier, den Florentinischen Columbinlack, das Ultramarin, unterschiedlich Grün und andere zur Migniatur dienliche Farben zu machen.

Florentiner Lack.

Nehmet drey Seidlein Wasser, das aber durch keine bleyerne Röhren geleitet worden, thut es in einen glasirten Hafen, und wenn es sieden will, so werft $\frac{1}{2}$ oder $\frac{1}{4}$ Unze von Cohan oder Couhankörnern, deren sich die Federschmücker bedinen, wohl gepülvert darein: last es also ungefähr $\frac{3}{4}$ Stunde sieden, bis nemlich das vierte Theil vom Wasser eingesotten, NB. das Feuer muß von Kohlen seyn. Ferner siehet dieses Wasser durch ein Tüchlein in ein ander glasirtes Geschirr, und läßt es abermal heiß werden, daß es anfängt zu sieden: als denn thut darein eine Unze Cochenille und eine Viertel Unze Rocort, ein jedes absonderlich gepülvert, und lasset es abermals halb einsieden, bis es schön roth wird, und einen schwarzen Schaum bekommt, denn durch das Sieden bekommt es die rechte Farbe; thut es hernach vom Feuer und eine halbe Unze gepülverten gemeinem Alaun, oder römischen Alaun, der röthlicht und besser ist, darein: eine halbe Viertelstunde darnach schüttet es durch ein Tuch in ein glasirt Geschirr oder Schälgen, darinn laßt es 12 oder 14 Tage ruhen, so werdet ihr sehen, daß es eine schiminlichte Haut bekommt; die nimmt man mit einem Schwamm hinweg, damit die untere Materie an der Luft bleibe, und wenn das darob schwimmende Wasser evaporirt, so laßt die übrig gebliebene Materie wohl trocknen, reibt es auf einen harten und glatten Stein, und rädet es durch ein gar zartes Siebgen durch.

NB. Die Dosis von diesen Materialien ist, nachdem man die Farbe zu haben verlangt, weniger oder mehr: will man es sehr roth haben, so nimmt man desto mehr Roucourt; will man es mehr Carmesin, so nimmt man mehr Cochenille, es muß jedes absonderlich gepülvert werden, und das Couhan mus erstlich allein sieden.

Das Ultramarin auf andere Manier zu machen.

Nehmt ein halb Pfund Azurstein, thut ihn in heftig glüende Kohlen, so lange, bis er auch roth und glüend ist; alsden löschet ihn in starken Weineßig ab, und reibet ihn auf einem Porphyr, oder andern harten Stein, mit rektificirten Brandwein, je mehr ihr ihn reibet, je schöner wird er; laßt ihn auf dem Porphyr, oder in ei-

einem andern Geschirr, bis ihr den Teig gemacht habt, darunter ihr besagten Azur menget.

Solchen zu machen, nehmet

1 Pfund gelbes Wachs,
1 Pfund Terpetin,
1 Pfund Lerchenharz, und
1 Pfund Leinöl.

Lasset alles über einen gelinden Feuer zergehen, und wen alles zergangen, und es anfängt aufzusteigen, so ist es genug gekocht. Alsdenn müßt ihr alles in eine gläserne Schüssel ausschütten, so ist solches der Teig zum Ultramarin, dessen ihr so viel, als des Azursteines ist, nehmen sollt, und auf einem Marmorstein mit demselben zusammenkneten; wenn alles beydes wohl untereinander vermengt, so laß es eine Nacht über ruhen. Folgends den Ultramarin, so in diesem Teige ist, wieder heraus zubringen, so giesset neues Wasser darüber, und knetet es mit den Händen untereinander, wie einen andern Teig, so wird der Ultramarin herauskommen, und in eine Schüssel fallen, die ihr beyhanden haben sollt; solchen aufzufangen, laßt es in besagten Wasser ruhen, bis ihr seht, daß der Ultramarin zu Boden gesunket ist.

Noch eine andere Manier,

℞. 4 Unzen Leinöl,
4 Unzen neues Wachs,

4 Un-

4 Unzen Silberglätt,
1 Unze Lerchenharz,
1 Unze Mastixkörner,
4 Unzen burgundisch Pech,
2 Quintlein Weyrauch, und
1 Quintlein Drachenblut.

Zerstosset jedes von diesen Speciebus absonderlich in einem Mörsel, hernach laßt das Leinöl in einem irdnes Geschirr warm werden, bis es zischt alsdenn thut die Species eine nach der andern hinein, dergestalt, daß das Drachenblut das letzte sey, und rühret immer fort alles mit einem saubern Holze um. Damit ihr aber sehen könnet, ob der Teig fertig, so probirt es mit dem Finger, denn er muß daran kleben, wie Leim. Alsdenn thut Lazurstein, welchem ihr vorher in Kohlfeuer ausgeglüet, und in weissen Weineßig abgelöscht, und auf einem Stein abgerieben, und nachdem er trocken worden, durch ein kleines Siebgen durchgerädet haben müsset, darunter. Wenn dieses wohl untereinander gewürkt, und unberührt 24 Stunden zusammen geblieben, so nehmt Röhrwasser und knetet mit solchem den Teig wohl durch. so werdet ihr das erste Blau herauskommen sehen; das ist das beste und schönste, und dieses wiederholt ihr zum drittemahl, und knetet jederzeit mit Röhrwasser den Teig. Endlich und zum letzten lasset solches Wasser blaulicht werden, und knetet damit die übrige Materie, davon ihr denn die Asche bekommt:

im Fall ihr aber alles in einem Distrillirkolben einsetzet, und abdistilliren wollet, so werdet ihr auf dem Grunde das Gold finden, so in dem Lazurstein gewesen.

Andere kneten ihrenn Teig auf einmal einem mit laulichten Wasser angefüllten Geschirr, in welches der Ultramarin gehet. Das lassen sie 24 Stunden, oder länger, stehen, und giessen das Wasser sachte ab, so befindet sich der Ultramarin auf dem Boden, welchen sie an der Sonne abtrocknen. Sie lassen auch einen ganzen Monat lang den Lasurstein in dem Teige vermengt, ehe sie den Ultramarin herausziehen, und thun uuter diesen Teig, anstatt des Leinöls oder Terpertins, das Terpentinöl allein, und das schwarze Pech, anstatt des burgundisen; den Stein betrefend, lassen sie solchen ausglüen, ablöschen und abreiben, wie bey den vorhergehenden Manieren

Gar fein Lack zu machen.

Nehmt ein Pfund gute Brasilien, die lasset in 1½ Maaß Rebenholzaschen halb einsieden, hernach sich setzen, und zwinget es durch; das Durchgezwungene sidet von neuen mit Brasilien, Cochenill und Terra merita, das ist, ein halb Pfund Brasilien, ein halb Viertel Cochenill, dazu ihr noch ein halb Maaß klares Wasser thut, und es also wieder den halben Theil ein-

einsieden lassen müßt. Laßt es abermal sich setzen, und zwinget es durch; von der Terra merita aber braucht man nur eine Unze. Merket aber, wenn ihr diesen Liquor vom Feuer thut, müßt ihr eine Unze calcinirten und klein gestossenen Alaun drein schütten, und mit einem saubern Holze wohl hinein rühren und zergehen machen, dazu ihr denn ½ Gran Arsenic thut. Endlich, damit es ein Corpus bekomme, so nehmet zwey Fischbeine, die die Goldschmiede zum Formen gebrauchen, pulversirt es, und werft es darein: laßt es ferner allgemacht trocknen, alsdenn reibet es mit vieler klaren Wasser, in welchem ihr es weichen lassen müsset, ab, zwinget es durch ein leinen Tuch, formirt, wie gebräuchlich, Zeltlein daraus, und laßt solche auf Chartenbleättern trocknen.

Wollt ihr den Lack röther machen, so thut Citronsaft dazu; wollt ihr ihn dunkler, so nehmt Oleum Tartari dazu.

Eine andere Art vou Lack.

Nehmt Scheerwollen von Scharlach, und laßt es in Laugen von Pottaschen oder calcinirten Weinstein sieden, denn diese Lauge hat die Kraft, daß es die Farbe auf der scharlachen Scherwolle herauszieht; wen es genug gesotten, so thut Cochenill darein, pulversirten Mastix und ein wenig Alaun. Laß noch einmal alles zusammen

ko-

kochen, und hernach zwingt es zwey oder drey mahl ganz heiß durch ein Tuch; das erste mal muß man das Tuch mit zwey Stecken auswinden, endlich nehmt dasjenige, was in dem Tuche bleibt, heraus, und wascht das Tuch wohl, Zwingt den Liquor, so ihr durch die zwey Stecken ausgewunden, noch einmahl durch das Tuch, so werdet ihr an dem Tuche herum eine Materie oder Teig finden, die ihr auf Charten oder andern Papier ausbreiten und trocknen lassen müsset.

Columbin-oder Kugellack

Nehmt 3 Seidlein distillirten und gar subtilen Weineßig, 1 Pfund der schönsten Brasil von Fernambuc, zerschneidet es in kleine Stückgen, und lasset solches zum wenigsten 1 Monat und darüber, denn das ist am besten, in besagten Eßig weichen. Hernach lasset alles im Balneo mar. 3 oder 4 gute Sude thun, ferner ein paar Tage ruhen, denn nehmt ein Viertel Pfund gepulverten Alaun in ein sauber irden Gefäß, und zwinget besagten Liquor durch ein leinen Tuch auf den Alaun, und laßt es einen Tag ruhen. Nachgehendes laßt alles wieder heiß werden, bis es anfängt zu zischen, laßt es wider 24 Stunden ruhen, und stosset 2 Fischbein zu Pulver, darüber schüttet euren Liquor, wenn er ein wenig warm worden, rührt es mit einem Stöckgen um, bis es einander annimmt, hernach laßt es 14 Stunden ruhen, und zwinget es noch einmal durch. Merket aber, daß man es mit dem Alaun durchzwingen muß, ehe man es auf die gepülverten Fischbeine schüttet.

Wie man das Mark oder den Tröster vor dem gepülverten Columbin oder Kugellack gebrauchen könne.

Eine schöne Purpurfarbe zu machen, ohne das Carmin oder Florentiner Lack zu Oel und Wasserfarben, so nehmt das Mark von Colombinlack, das in der Schaale zu Boden fällt, darinn die geplüverten Os de Serche sind, laßt solches trocknen, und reibt es ab. Es ist kein feiner Lack so lebhaft, als der, worunter ihr diese Materie mischet, die dem Lack eine grosse Kraft giebt.

Von Liliengrün.

Nehmt blaue Lilien, die schön blau sind, davon thut das oberste, wie Atlaß glänzende und behaltet es allein, denn das Uebrige taugt nichts. Desgleichen thut auch die kleinen gelben Aedergen davon, und stoßt das abgesonderte Gute in einem Mörsel; nachmals schüttet 3 oder 4 Löffel, mehr oder weniger, nachdem die Blumen viel sind, Wasser, darinn ein wenig Gummi arabicum zergangen, darein; ferner reibet alles mit einander wohl ab, zwingt es durch eine starke Leinwand, und denn thut diesen Saft in Muscheln, und laßt es an der Sonne trocknen.

NB. Das blaulichte Liliengrün muß in einem

stei-

steinern Mörsel gestossen werde, denn in einem meßingen würde es gelblichter werden.

Eine andere Art.

Nachdem ihr die Lilien gereinigt, gestossen und Alaunwasser darunter gethan, wie zuvor gelehrt worden, so werft ein wenig gepülverten lebendigen Kalk darein, wie man einen Salat zuckert, denn solcher hat die Eigenschaft, daß er die Farbe sich ändern und reinigen läßt: nachmahls drückt den Saft in Muscheln.

Noch eine andere Art.

Stosset die Lilien in einem Mörsel, drucket den Saft in Muscheln, und streuet auf eine jede derselben ein wenig gepülverten Alaun, auf eine mehr als auf die andere, um verschiednes Grün herauszubringen.

Noch eine bessere Art.

Stoßt Alaun, auch Kreutzbeere, und mischet beydes mit Wasser zusammen, laßt es mit einander auf dem Feuer oder heisser Asche sieden, bis das Wasser sehr gelb wird, alsdenn stoßt die Lilien in einem Mörsel, und gießt ein wenig von diesen Wasser darein, nachdem ihr das Grüne dunkel oder helle haben wollt; hernach zwinget diesen Saft durch ein Geißhärnes Beuteltuch (denn die Leinwand würde alle Farben an sich ziehen) in grosse Muscheln, und laßt es an der heissen Sonne trocknen, denn sonst verschimmelt die Farbe am Schatten und wird gar klebricht.

Noch eine andere Art.

Nehmt die Lilienblätter, zerhackt sie klein, und thuts in ein gläsern oder Schaalengeschirr, oder, welches noch besser, in eine kupferne Büchse, mit gepülverten Alaum und ungelöschten Kalk, laßt alles 10 oder 12 Tage lang mit einander verfaulen. Das Verfaulte zwinget durch in Muscheln, denn durch die Fäulung wird das Blaue grün; das Grüne ist lebhafter und dunkler, wenn man die Blätter nur zerstößt und sie ausdrückt, ehe sie faulen, und Alaun darauf streuent.

Grün von Merzenveil.

Das macht man auf vorige Art, doch braucht man eine grössere Quantität, und ist zu merken, daß, anstatt des Kalks, man Kreutzbeere mit Alaun zerstossen nehmen kan; denn solches ist auch besser, das Blaue in Grün zu verwandeln: ingleichen macht man auch eine grüne Farbe von Schneetröpflein.

Saftgrün.

Nehmt kleine Graines rouges momey, und füllt mit solchen und ein wenig Alaun eine Schweinsblase, die hängt eine Zeitlang in einem Zimmer auf; wenn nun die Beeren verfaulen, so verwandeln sie sich in diese grüne Farbe, die man Verd de Vessie oder Safrgrün nennt.

Oder nehmt die Frucht von Stechdorn, stoßt es in einem Mörsel und thut gepülverten Alaun dazu, drückt den Saft aus, und thut solchen in

eine

eine Blase, bindet die Blase oben zu, und lasset die Materie also trocknen.

Stil de Grain, oder Beergelb.

Insgemein wird solche Farbe gemacht aus spanisch Weiß und Kreutzbeeren, allein sie ist nicht beständig, also ist es besser, man macht sie mit Bleyweiß, oder mit Schulpweiß, so man gar zart auf einem Porphyrstein abreiben und in einer schattigten Kammer trocknen lassen muß; nachmals nimmt man besagte Beer, zerstößt solche in einem steinernen Mörsel mit einem hölzernen Stössel zu Pulver, und laßt es in einem irdnen Schmelztiegel mit Wasser, das Drittel oder mehr einsiden. Dieses Decoctum seigt man durch ein leinen Tuch, und thut 2 oder 3 Haselnuß groß Alaun darein, damit es die Farbe nicht verliehre. Wenn solches zerschmolzen, so macht man das Weisse damit an, daß es ein ziemlich dicker Brey wird. Diesen knetet man wohl zwischen den Händen, und machet endlich Zeltlein daraus, so man in einer luftigen Kammer trocknen lassen muß, Sind sie trocken, so weicht man solche noch 3 oder 4 mahl mit dem besagten Decocto wieder auf, nachdem man will, daß es helle oder dunkel werden soll, und laßt es allezeit wohl trocknen. Auch ist zu wissen, daß der Saft, wenn man den Teig mit aufweicht, warm seyn muß, und wenn der erste verdorben seyn sollte, man einen andern machen muß. Auch muß man sich hüten, daß man solchen mit keinem Stahl oder Eisen berührt, sondern man muß sich eines hölzernen Spadels bedienen.

Wie man den Alaun recht gebrauchen soll.

Der Alaun ist am besten zu gebrauchen in dem Liliengrün und andern Farben, die ohne diese Minera sich ändern, und muß solche klein zerstossen und in ein wenig Wasser auf das Feuer gethan werden, denn sonst zergeht er nicht wohl; und mit diesem Wasser könnt ihr eure Blumen oder Säfte zum Farben anfeuchten: allein, je weniger Alaun man gebraucht, je besser ist es, denn wenn dessen zu viel genommen wird, so verbrennt er die Farben.

Wie man den Zinnober reinigen soll.

Weil der Zinnober aus Mercurio und Schwefel gemacht wird, so muß man ihm die Unreinigkeiten, die er von diesen Mineralien an sich hat, benehmen, weil solche seinen Glanz verderben, und ihn unbeständig machen. Diese Reinigung nun geschieht folgender Gestalt.

Zerreibt die Stücken Zinnober mit Wasser auf einem Stein, alsdenn thut ihn in ein gläsern oder Schaalengeschirr, und lasset ihn trocknen; hernach giesset Urin darauf, und mischt es untereinander, daß der Urin ganz durchdringt und darüber schwimmt; lasset es ruhen, und wenn sich der Zinnober zu Boden gesetzt hat, so gießt den Urin herunter, und wieder neuen darüber; lasset solchen wiederum eine Nacht stehen, und wieder

holt

holt solches 4 oder 5 Tage nach einnander, bis der Zinnober wohl gereinigt ist: alsdenn schüttet wohl geklopften Eyerklar darüber, so daß solcher darüber stehe, menget es mit einem nußbäumenen Holz wohl durchneinander, und laßt es wieder stehen, giesset solchen auch wieder ab, und noch 3 oder 4 mal andern darauf, und bedeckt das Geschirr allezeit wohl, daß kein Staub darein falle, der ihm sonst die Farbe benimt. Wollt ihr euch nun dieses Zinnobers bedinnen, so machet ihn mit Gummiwasser an, so bleibt er beständig.

Eine andere Manier.

Reibt den gepülverten Zinnober mit Kinderurin oder Brandwein, und laßt ihn am Schatten trocknen.

Wollt ihr ihn hellrot machen, und ihm seine Schwärze benehmen, so thut in den Brandwein oder Urin ein wenig Saffran, und reibt alsdenn den Zinnober damit.

Das Bistre oder den gekochten Ruß zu machen,

Thut in einen glasirten Topf ein Theil Ofenruß und zwey Theil Wasser, und lasset solchen kochen, bis das Wasser auf die Hälfte eingesotten ist; denn zwinget es durch ein Tuch, und gießt solchen Saft in Muscheln, und laßt es trocknen.

Ein gar schönes Planiergold zu machen.

Das Holz an Rahmen und andern, das man vergulden und planiren will, muß sehr glatt und eben seyn, und damit es desto glätter werde, so muß es immer mit Seehundshor überfahren, nachgehends 2 oder 3 mal mit Leim von Abschnitzen der weissen Handschuh geleimtränkt, und 9 oder 10 mal mit Weiß gegründet werden. Wenn es recht trocken, muß es mit Schachtelheu abgerieben werden, damit es noch gleicher werde; sodann wird es mit einem zarten Tüchlein, das vorher in Leimwasser, so über dem Feuer warm gamacht worden, eingetunkt, überfahren Ferner wird es 2 oder 3 mal mit Goldfarbe, oder auch wohl öfter, so es vonnöthen, gegründet. Wenn es wohl trocken, so wird mit einer trocknen Leinwand darüber hergefahren, so stark, bis es glänzet, nachmals fährt man mit dem allerstärksten Brandewein, vermittelst eines grossen Pinsels, über die Goldfarbe her. Und so bald als dieses geschehen, trägt man das auf dem ledernen Küssen geschnittene Gold darauf, und wenn es trocken ist, so wird es mit einem Hundszahn planirt.

Den Leim hierzu zu machen.

Nehmt ein Pfund Abschnitte von weiß Handschuhleder, lasset es eine Zeitlang im Wasser weichen, und denn siedet es in einem Topf mit 12 Maaß Wasser bis auf 2 Maaß ein; denn zwinget es durch ein leinen Tuch in einen neuen irdnen Hafen. Um zu sehen, ob der Leim stark genug sey: so probirt, wenn er kalt ist, ob er vest unter der Hand ist, oder nicht.

Das

Das Weisse hierzu zu machen.

Wenn der Leim gemacht ist so nehmet weisse Kreide, schabet, sie mit einem Messer, oder reibet sie auf einem Stein, lasset den Leim zergehen und sehr heiß werden, allsdenn nehmt ihn vom Feuer, und thut die Kreide darein, so viel, daß es zimlich dicker Brey werde; lasset es eine halbe Viertelstunde also stehen, und hernach rührt es mit einem Pinsel von Borsten,

Nehmt von dieser weissen Farbe, und thut noch mehr Leim darein, damit es zum ersten und andern Grunde desto heller werde, welche man mit auftüpfung des Pinsels auftragen muß. Dabey nehmt in Acht, daß ihr einen jeden Grund wohl trocknen lasset, ehe ihr einen andern darauf machet. Auf dem Holze muß man wohl 12 mal gründen; auf Chartenpapier aber ist es an 6 oder 7 mal genug.

Wenn dieses geschehen, so nehmt Wasser und tunket einen linden Pinsel darein, spritzt ihn in eure Hand aus, und denn fahrt über euer Werk, es desto gleicher zu machen.

So bald nun euer Pinsel voll weisser Farbe wird, müßt ihr solchen wieder auswaschen, und wenn das Wasser zu weiß wird, anders nehmen.

Man kan sich anstatt des Pinsels auch eines feuchten Tüchleins bedienen

Wenn nun euer Werk wohl gleich gemacht ist, so laßt es trocknen, und wenn es trocken, so nehmt Schachtelheu, oder ein Stück neüe Leinwand, und reibt es noch besser und glätter ab.

Den Grund zum Gold und Silber auf eine andere Manier zu machen.

Nehmt ein Viertelpfund Bolus, so zart und gut, und wenn man die Zunge damit berühret anklebt, und gelind unter der Hand ist; lasset solchen im Wasser zergehen und weichen, hernach reibet ihn, und thut einer Haselnuß groß englisch Bleyerz dazu, und einer Erbsen groß Unschlitt, das ihr so machen solt:

Laßt das Unschlitt zergehen, und in frisch Wasser fallen, und in dem Wasser formirt es, so groß ihrs haben wollt. Zu jedem Reiben ist einer Erbse groß genug.

Im Reiben kan man wenig Seifenwasser darunter giessen.

Wenn nun diese Composition geriben ist, so thut es in klares Wasser, das gießt immer wieder ab, dieselbe zu erhalten.

Wenn ih euch deren bedienen wolt, so macht es mit warm gemachten Leim an, und wenn selbige so stark ist, als das obgeschriebene Weisse, so thut das Drittel Wasser daran, und mischet es mit dem Bolo zusamen, bis es ist in der Dicke, wie süsser Milchram, und denn bringt es mit einem Pinsel auf euer Werk, und machet drey oder vier Gründe, die ihr alle wohl trocknen lassen müsset, ehe ihr einen andern darauf tragt. Wenn alles trocken, so reibt es, ehe ihr es vergüldet oder versilbert, mit einem linden Tuche.

Wenn man sich dieses Goldgrundes bedienen will,

will, so muß man ein wenig Lap. de Sanguine, so ein Stein, dessen sich die Plattner zum Vergolden bedinen, dazu thun.

Gold und Silber aufzutragen.

Netzt den Ort, so ihr vergulden wollt, mit einem Pinsel, so ihr in frisch Wasser getunkt, und denn tragt das Gold, so ihr auf einem ledernen Küssen schneiden müsset, mit einem wollen oder Anschießpiensel auf. Wenn es vergüldet, so lasset es trocknen, nicht aber an der Sonne, oder am Winde, und wen es trocken genug, so planirt es mit einem Hundszahn.

Um zu sehen, ob es trocken, so probirt und fahrt mit dem Zahn an einem Orte darüber; wenn es nicht gerne gehet, und das Gold abgehet, so ist es nicht trocken genug.

Hingegen habt auch Acht, daß es nicht vertrockne, denn sonst ist es viel mühsammer zu planiren, und bekomt keinen solchen Glanz. Bey grosser Hitze trocknet es in drey oder vier Stunden; bisweilen aber braucht es wohl Tag und Nacht.

Matt zu vergulden

Machet eine Röthe von Sanquine und wenig Zinnober, mit wohl gekloptten Eyerweiß, reibt es zusammen auf einem Stein, und denn tragt es mit einem linden Pinsel in die hohlen und dicken Oerter desjenigen, so ihr verguldet.

Matt zu versilbern

Nehmt Schulpweiß, und reibet es mit Wesser und

und machet es mit obbeschriebenen Leim oder Hausblasen, welches besser ist, an, und trägt es mit einem Pinsel auf, wo ihr wollt.

Das Muschelgold und Silber zu machen.

Thut Goldblättlein auf einem reinen Stein, nachdem ihr viel machen wollt, und reibt es mit Honig, das erst vom Korb kommt, und rein ist, bis es unter dem Oberstein ganz nett gebracht wird; denn thuts in ein Glas voll rein Wasser rühret es um und gießt das Wasser ab, bis alles ganz klar wird. Nachmals nehmt für 8 Pfennig Scheidewasser, thut das Gold darein, und laßt es zwey Tage darinn; hernach nehmt es heraus, und hebt das Scheidewasser zuweitern Gebrauch auf.

Eben so macht man es mit dem Silber.

Wenn man solches Muschelngold oder Silber gebrauchen will, muß man es mit ein oder zwey Tropfen Wasser, darinn Gummi, anmachen, und einen grössern Glanz zu geben, nimmt man Seifenwasser.

Es ist auch gut und schöner, weñ man unter das Goldeinen dūñen Grund von Pierre de Fiel macht

In die Migniaturmahlerey soll man so wenig Gold und Silber bringen, als immer möglich, denn es läßt gar Briefmahlerisch.

Denn Chinesischen Firniß von allerhand Farben zu machen.

℞. 1 Quintlein Brandwein, den thut in ein wohl vermacht Glas,

1 Un-

1 Unze Gummi acre,
2 Unzen Mastix,
2 Unzen Sandarach, oder Wacholder harz.

Zerreibt solches alles in einem Mörsel, und werft es so denn in das Glas mit Brandwein; vermacht solches wohl, und hängt es an die heisseste Sonne 24 Stunden, oder eine Stunde zum Feuer, bis der Gummi distillirt ist, und der Brandwein die Farbe davon angenommen hat: hernach seihet es durch ein leinen Tuch, und gebt Acht, daß es nicht evaporire; denn ist der Firniß fertig.

Will man sich dessen bedienen, so mengt man diejenige Farbe darein, die man will, als:

Zum Rothen, Zinnober,
Zum Schwarzen, Lampenschwarz,
Zum Grünen, spanisch Grün.

Ihr müßt aber Acht haben, daß das Holz, so ihr gebrauchen wollt wohl polirt sey.

Wenn man ein illuminirt Kupferstück firnissen will muß man zuvor einen Grund mit Pergamentlein darunter machen.

Schön weisser Firniß.

Nehmt zwey Unzen Terpentin, und thut ihn in einen wohl verglasirten Hafen zu einem gelinden Feuer: wenn er anfängt zu glänzen, so nehmt vier Unzen Sandarac präparirt, und zu zarten Pulver zerstossen. Diesen rührt nach und nach mit einem hülzernen Spatel darein; und wen alles wohl untereinander, so schüttet es in eine Schüssel mit frischem Wasser. Wenn es zusammenläuft,

wie

wie ein Stein, welches gar oft geschiehet, so muß man es zerstossen, und die Composition von neuen anfangen.

Ein anderer weisser Firniß.

Nehmt Terpentin, und thut ihn in einen Hafen voll Wasser, und lasset ihn fünf oder sechs Stunden sieden; hernach nehmt was am Boden des Topfes ist, laßt es auf einem Papier wohl trocknen, und des andern Tages pulverisirt es. Von diesem Pulver nehmt eine Unze, und thut es mit ein Maaß Braudwein in ein Geschirr, vermacht dasselbe wohl, und laßt es vom Morgen bis Abend stehen. Wenn der Terpentin ungefähr drey Stunden gesotten, müßt ihr ihn aus den hafen heraus nehmen und mit der Hand wohl arbeiten, hernach wiederhinein thun, und solchen vollends kochen lassen, damit ihr ihn pulverisiren möget.

Ein anders.

℞. 1 Maaß rectificirten Brandwein,
2 Unzen präparirten Terpentin,
2 unzen präpa. Carabe,
4. Unzen präpa. Sandarach.

Den Carabe präparirt man also; Man läßt ihn eine Viertelstunde im Wasser sieden; hernach schüttet man solch Wasser davon, und ein neues daran, darinn man ihn noch eine Viertelstunde sieden läßt; hernach läßt man ihn zwey Stunden in Brandwein weichen, thut ihn heraus, und laßt ihn bis des andern Tagt trocknen. Wenn man ihn nun zum kleinen zarten Pulver auf einem

nem Stein zerriben, so thut man eine Dosin davon in Brandewein.

Den Sandarach zureinigen, nehmt Asche, die man bey den Materialisten verkauft, und Soubres oder pulverisirt Gras nennt; deren sich die Wäscherinnen bedienen; bindet solche in eine Leinwand, und lasset es zwey Stunden im Wasser sieden; hernach thut es heraus, und den Sandarach in solches Wasser hinein, und wascht ihn 3 oder 4 mal.

Verguldeter Firniß, der über Silberblättlein oder Stagnol zu brauchen.

℞. 1 Unze Gummi Laccæ, so klar und sauber ist,
1 Unze gelben Agtstein,
½ Unze Sandarac,
1 Unze Aloes Epatica.

Laßt solches mit Spieköl in einem Digerirkolben, so der Kunst nach wohl vermacht, bey einem kleinen Feuer sieden, und wenn es siedet, so thut einen Löffel voll Leinöl darein: hernach, wenn es halb erkaltet, so laßt es durch eine zarte Leinwand gehen und wieder ruhen, und tragt solches mit einem Pinsel auf euer Silber oder Stagnol, welche ihr vorher mit geweichten Gummi arabico, oder Pergamentlein, aufgelegt habt; hernach gründet 2 oder 3 mal weissen klaren Firniß mit Brandwein und Terpentin darauf.

Alles zu verguldeny es sey, was es wolle.

Nehmet Aloen epaticam, Salpeter, und zerstoßt es miteinander, und mengt es wohl untereinander, hernach distilirt es.

Mit

Mit dieser Composition könnt ihr alles Goldfarb machen was ihr wollet.

Allein gebt Acht, daß die Aloe den Salpeter wohl eintrinke.

Firniß zu Screibtischlein und andern Holzwerk.

Nehmt Hausblasen, so schön weiß und frisch, laßt sie 24 Stunden im Wasser weichen, hernach bey einem gelinden Feuer zergehen, und zwingt es durch eine Leinwand; lasset es bey gelinden Feuer, bis es stark genug zum Anstreichen, zergehen, und wenn es wohl heiß, so thut geriebnen Zinober mit ein wenig Drachenblut darein, und streicht euer Holzwerk, welches mit Schulpweiß und Gummi überfahren seyn muß, damit an, und wenn solches zweymal geschehen, und trocken worden, so gebt ihm folgenden Firniß;

Spieköl und
Venedischen Terpentin, eines so viel, als das andere;
halb so viel Sandarac.

Laßt alles zergehen, und tragt es heiß also auf.

E N D E.

www.ingramcontent.com/pod-product-compliance
Lightning Source LLC
Chambersburg PA
CBHW030848270326
41928CB00007B/1267

* 9 7 8 3 7 4 3 4 3 7 5 8 6 *